SEASONS BOO

JN144321

12ヶ月の歳時記

額Ⅰ 小さなモチーフ
12ヶ月の歳時記をかわいらしいモチーフにまとめました。
● 解説 47 ページ

12ヶ月の歳時記

額 II 小さなモチーフ
12ヶ月のイベントをクロスステッチで刺しました。初めての方にも気軽に作れます。
ひとつひとつ額に入れても楽しい作品です。
● 解説 44ページ

12月

3月

2月

1月／ガレット・デ・ロワ
　　〜新春を祝って
2月／バレンタインデー
3月／春のアレンジメント
4月／おめでとう！
5月／イースター
6月／ジューンブライド
7月／サマーマリーナ
8月／海の仲間
9月／秋の夜長に
10月／ハロウィン
11月／森の秋
12月／クリスマス

四季の彩り

短冊 桜・昼顔・柿・椿
美しい四季の花を、和の設えにぴったりの短冊にしました。
● 解説 54 ページ

クリスマス

フリークロス
赤と白のポインセチアが華やかなリースの刺しゅうです。
テーブルセンターやドイリー、額に仕上げても素敵です。

● 解説 58 ページ

ランチョンマット
白地に鮮やかな配色が美しいランチョンマットです。
心浮き立つ季節のテーブルを素敵に演出します。

● 解説 60 ページ

クリスマス

ドイリーⅠ
赤地に白糸と金糸がクリスマスらしいドイリーです。
● 解説 62 ページ

ドイリーⅡ
いろいろなシーンで大活躍！
小さなかわいいドイリーです。
● 解説 63 ページ

クリスマス

オーナメント I
クリスマス気分が盛り上がるかわいいオーナメント。
クロスステッチで楽しく作りましょう。

● 解説 33 ページ

オーナメント II

サンタクロースの一日を刺しゅうしました。
クリスマスが待ち通しくなる作品です。

● 解説 66 ページ

［裏面］

クリスマス

額 II
天使の灯すロウソクのあかりが、聖なる夜を優しく演出します。
● 解説 35 ページ

額 I
クリスマスを祝うこどもたちのかわいらしい作品です。
● 解説 34 ページ

アドベントカレンダー
一年に24日間だけ飾るアドベントカレンダー。
日にちの数字に合わせてお菓子を
一日一個いただきながらクリスマスを待ちます。

● 解説36ページ

ひなまつり

額 I
飾っても、作っても楽しいクロスステッチで作るおひなさまの刺しゅうです。
●解説 46 ページ

額Ⅱ
● 解説 38 ページ

額Ⅲ
● 解説 39 ページ

端午の節句

額 I
こどもの日にちなんだモチーフが楽しいクロスステッチの作品です。
額縁の色を変えるとぐっと印象が変わります。

●解説 42 ページ

額 II
● 解説 40 ページ

額 III
● 解説 41 ページ

ひなまつりと端午の節句

ミニ色紙額 I
● 解説 72 ページ

ミニ色紙額 II
● 解説 73 ページ

ひと針ひと針気持ちを込めて小さな作品にしました。場所を選ばず気軽に飾っていただけます。

ミニ額
●解説 74ページ

21

お正月

タペストリー 鶴・亀
鶴と亀を背景に、おめでたいモチーフを刺しゅうしたタペストリーです。
綺麗な色使いがお正月を華やかに彩ります。

●解説 77 ページ

23

お正月

額 縁起物づくし
お正月にぴったりのおめでたいモチーフを集めました。
クロスステッチで刺しているので、初めての方にも気軽に楽しく作れます。
●解説 43ページ

オリジナル図案

十二支

25

オリジナル図案

12カ月のブーケ

オリジナル図案

四季の花

スイートピー
アネモネ
マーガレット

チューリップ
ラナンキュラス
ガーベラ
ブルースター

コスモス
ワレモコウ

ツワブキ
ケイトウ
ダリア
ナデシコ

オリジナル図案

四季の風景

春

夏

秋

冬

オリジナル図案
クリスマス

クリスマス

オーナメント I
口絵 12 ページ

材料と仕立て方は 82ページに掲載

<ツリー>
◆糸は全て3本どり

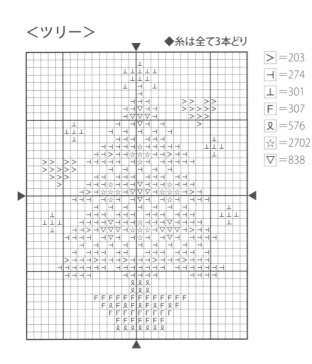

- > = 203
- ⊣ = 274
- ⊥ = 301
- F = 307
- ჹ = 576
- ☆ = 2702
- ▽ = 838

<テディベア>
◆糸は全て3本どり

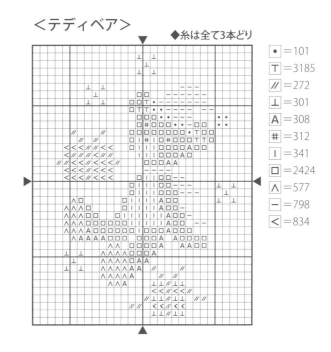

- • = 101
- T = 3185
- // = 272
- ⊥ = 301
- A = 308
- # = 312
- I = 341
- □ = 2424
- ∧ = 577
- − = 798
- < = 834

<サンタクロース>
◆糸は指定以外全て3本どり

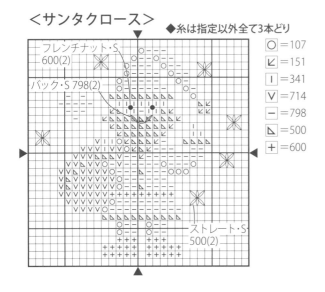

フレンチナット・S 600(2)
バック・S 798(2)
ストレート・S 500(2)

- ○ = 107
- ㇄ = 151
- I = 341
- V = 714
- − = 798
- ∟ = 500
- + = 600

<リース>
◆糸は全て3本どり

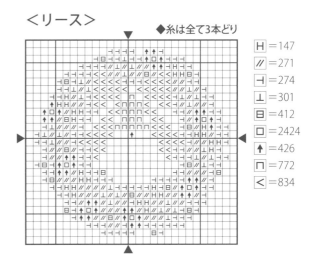

- H = 147
- // = 271
- ⊣ = 274
- ⊥ = 301
- ⊟ = 412
- □ = 2424
- ↑ = 426
- ⊓ = 772
- < = 834

33

- **材料** コスモ3900番ジャバクロス55(35アイボリー) [10cm平方：55×55目] 20×20cm
  [刺しゅう面：16×16cm、額内寸：27×27cm]。
  コスモ25番刺繍糸(色番号は図案参照)。
- 加工は専門店に依頼します。

◆糸は全て2本どり

> = 212	▼ = 308	★ = 702
△ = 213	■ = 311	□ = 838
○ = 306	／ = 340	✕ = 899

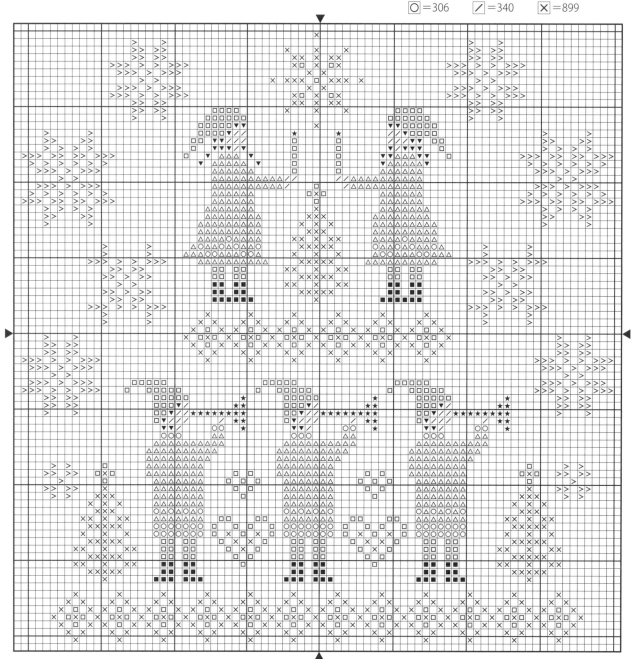

- ●材料　コスモ3900番ジャバクロス55(35アイボリー)　[10cm平方：55×55目]　20×20cm
  [刺しゅう面：16×16cm、額内寸：27×27cm]。
  コスモ25番刺繍糸(色番号は図案参照)。
- ●加工は専門店に依頼します。

◆糸は全て2本どり

├ = 117	▼ = 2702	＋ = 899
L = 300	● = 838	■ = 901
－ = 340	∧ = 896	／ = 100

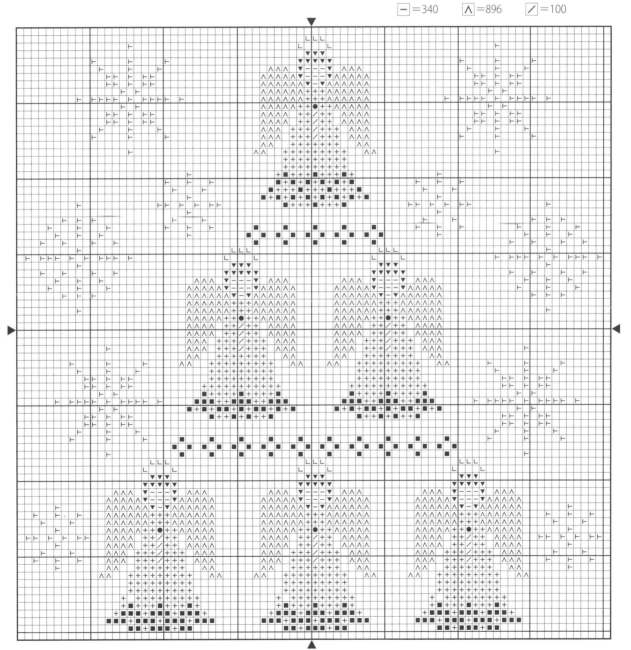

クリスマス

アドベントカレンダー
口絵15ページ

●**材料** コスモ65000番ジャパクロス65HF
(99生成)[10cm平方：65×65目]
20×60cm、接着芯 同寸、裏面用木綿地
同寸、直径1.2cmのリング(金) 24個、
14cm巾チェーン付きポール 1本。
コスモ25番刺繍糸(色番号は図案参照)。

仕立て方
単位：cm(縫い代を付けて裁つ)

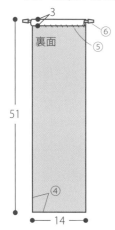

① 刺しゅう布に刺しゅうする。
② ①の裏に接着芯を貼る。
③ 写真参照の上、日付の刺しゅうの
　 下にリングを2500(3)で縫い付ける。
④ ③と裏面用木綿地を中表に合わせ、
　 両脇と下端を縫い、表に返す。
⑤ ④の上端を裏側に三つ折りにして
　 まつり、ポール通しを作る。
⑥ ポールを通す。

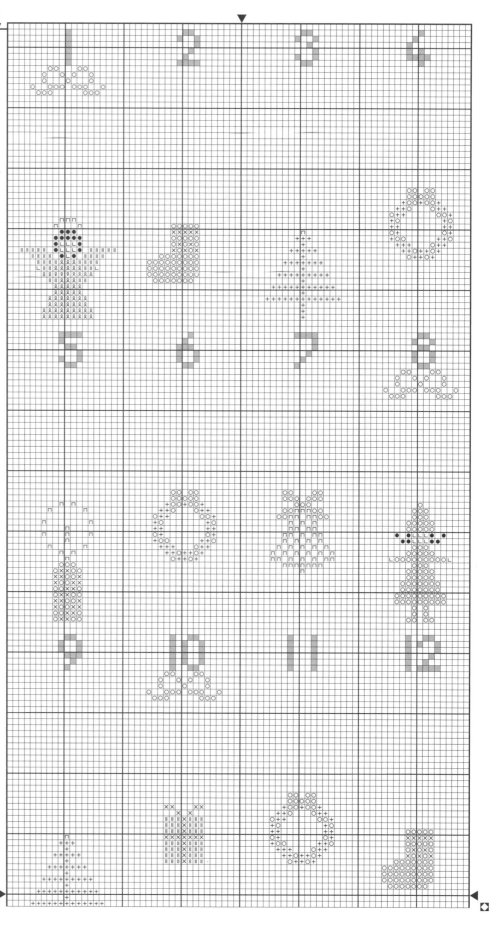

次ページに
つづく

前ページのつづき

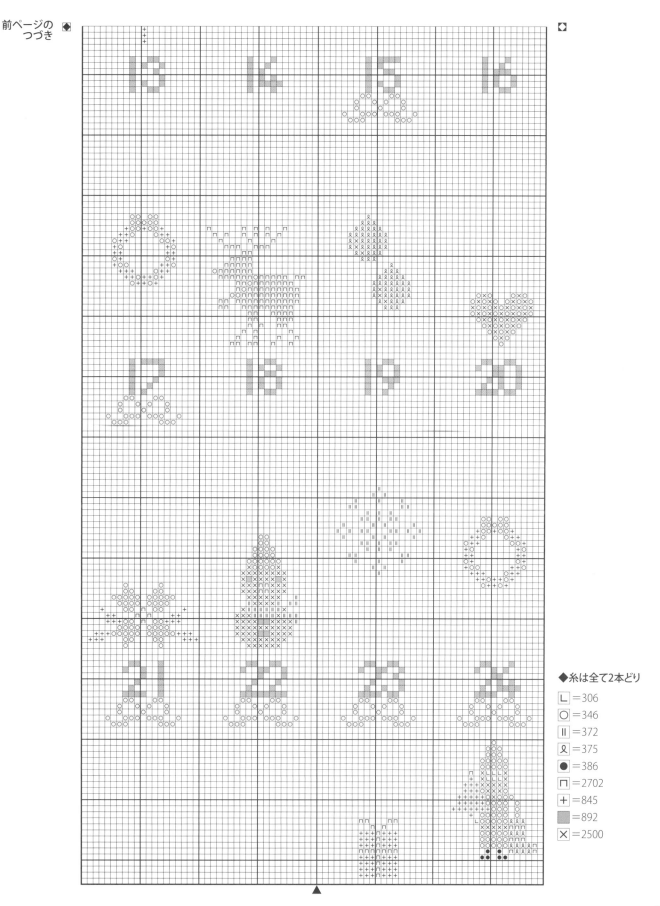

◆糸は全て2本どり

∟	= 306
O	= 346
‖	= 372
久	= 375
●	= 386
⊓	= 2702
+	= 845
▓	= 892
×	= 2500

ひなまつり

額II
口絵17ページ

● 材料　コスモ3900番ジャバクロス55(35アイボリー) [10cm平方：55×55目]　20×20cm、
　　　　接着芯　同寸、市販の額縁 [額内寸：14×14cm]。
　　　　コスモ25番刺繍糸(色番号は図案参照)。

● 刺し終えたら、裏に接着芯を貼り、額縁の大きさに合わせてカットし、はめ込みます。

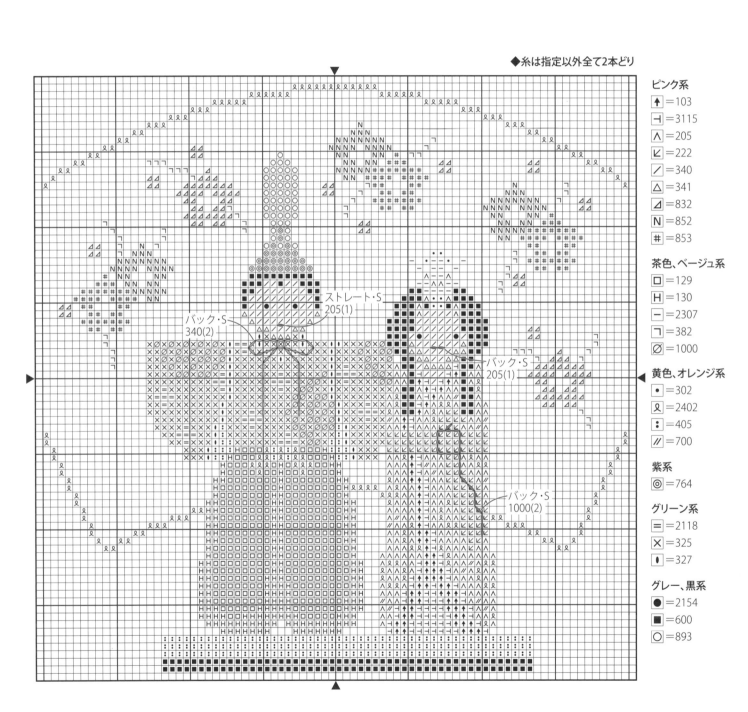

◆糸は指定以外全て2本どり

ピンク系
- ↑ = 103
- ⊣ = 3115
- ∧ = 205
- ∠ = 222
- ／ = 340
- △ = 341
- ⊿ = 832
- N = 852
- # = 853

茶色、ベージュ系
- □ = 129
- H = 130
- − = 2307
- ⊐ = 382
- ⌀ = 1000

黄色、オレンジ系
- ● = 302
- ჟ = 2402
- ∶ = 405
- ∥ = 700

紫系
- ◎ = 764

グリーン系
- = = 2118
- × = 325
- ● = 327

グレー、黒系
- ● = 2154
- ■ = 600
- O = 893

ひなまつり

額Ⅲ
口絵17ページ

●材料　コスモ3900番ジャバクロス55(10オフホワイト)[10cm平方：55×55目] 20×20cm、
接着芯　同寸、市販の額縁[額内寸：14×14cm]。
コスモ25番刺繍糸(色番号は図案参照)。

●刺し終えたら、裏に接着芯を貼り、額縁の大きさに合わせてカットし、はめ込みます。

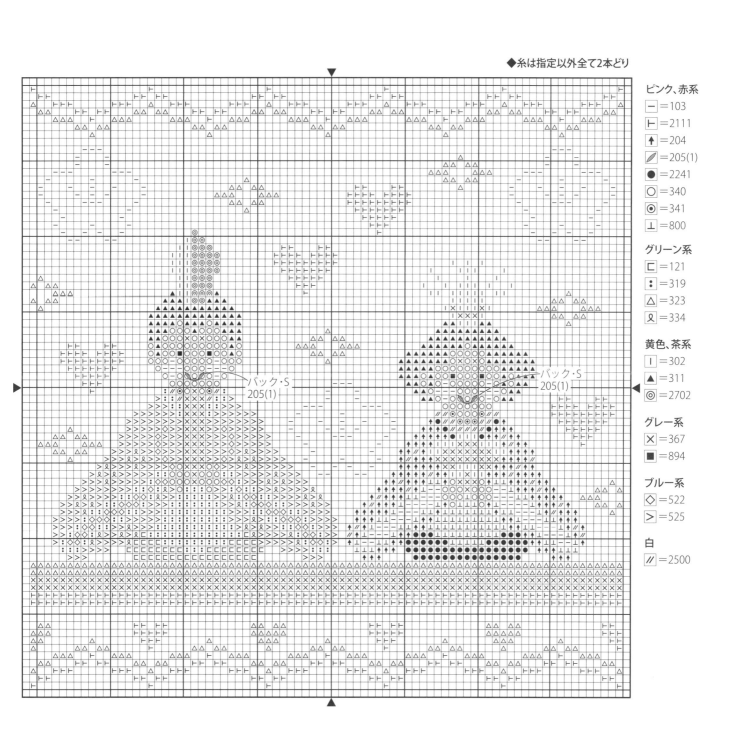

◆糸は指定以外全て2本どり

ピンク、赤系
- ＝103
⊢＝2111
▲＝204
／＝205(1)
●＝2241
○＝340
◉＝341
⊥＝800

グリーン系
⊂＝121
：＝319
△＝323
♀＝334

黄色、茶系
｜＝302
▲＝311
◎＝2702

グレー系
×＝367
■＝894

ブルー系
◇＝522
＞＝525

白
／／＝2500

端午の節句

額Ⅱ
口絵19ページ

●材料　コスモ3900番ジャバクロス55(10オフホワイト) [10cm平方：55×55目]　20×20cm、
　接着芯　同寸、市販の額縁 [額内寸：14×14cm]。
　コスモ25番刺繍糸(色番号は図案参照)。

●刺し終えたら、裏に接着芯を貼り、額縁の大きさに合わせてカットし、はめ込みます。

◆糸は全て2本どり

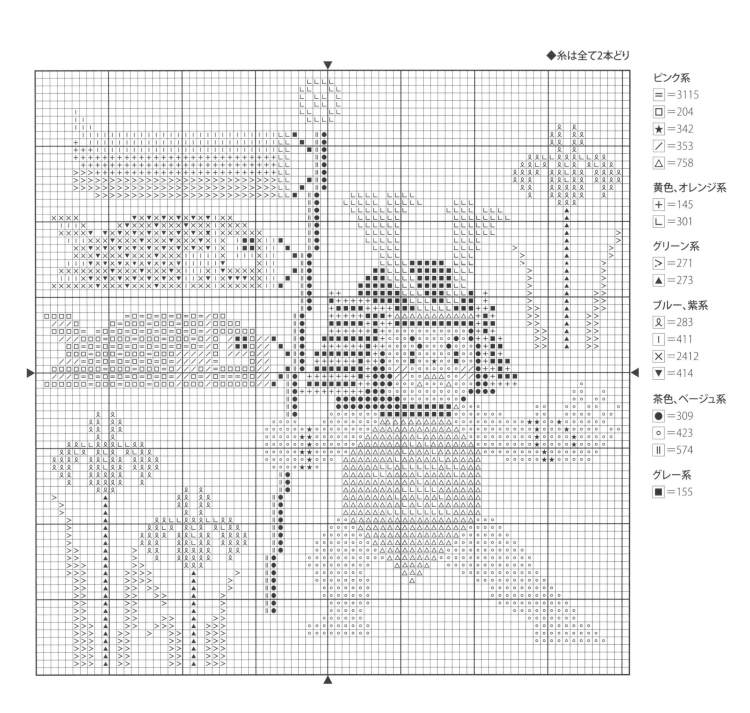

ピンク系
= = 3115
□ = 204
★ = 342
／ = 353
△ = 758

黄色、オレンジ系
+ = 145
L = 301

グリーン系
＞ = 271
▲ = 273

ブルー、紫系
久 = 283
｜ = 411
✕ = 2412
▼ = 414

茶色、ベージュ系
● = 309
○ = 423
‖ = 574

グレー系
■ = 155

端午の節句

額III
口絵 19 ページ

- ●材料　コスモ3900番ジャバクロス55(35アイボリー) [10cm平方：55×55目]　20×20cm、接着芯　同寸、市販の額縁 [額内寸：14×14cm]。コスモ25番刺繍糸(色番号は図案参照)。
- ●刺し終えたら、裏に接着芯を貼り、額縁の大きさに合わせてカットし、はめ込みます。

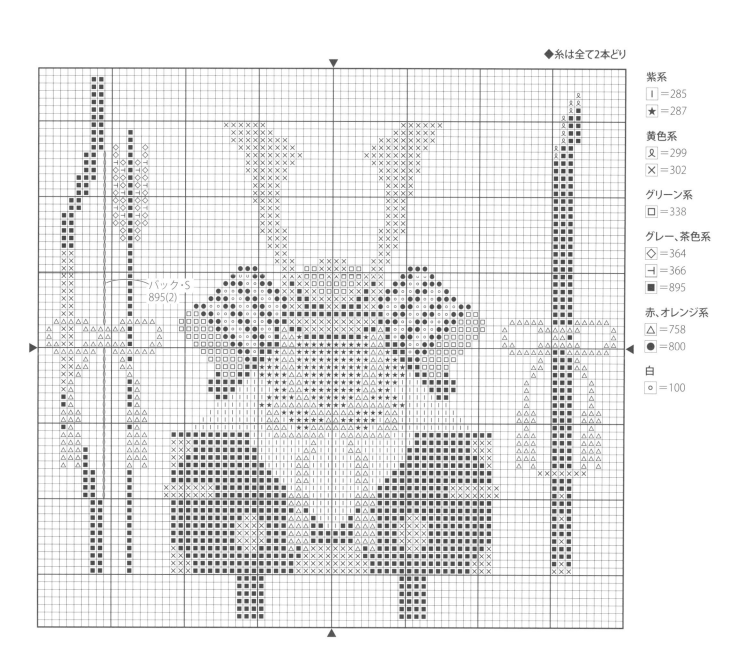

◆糸は全て2本どり

紫系
| = 285
★ = 287

黄色系
♀ = 299
× = 302

グリーン系
□ = 338

グレー、茶色系
◇ = 364
─ = 366
■ = 895

赤、オレンジ系
△ = 758
● = 800

白
○ = 100

端午の節句

額 I
口絵 18 ページ

● **材料** コスモ3900番ジャバクロス55(11白) [10cm平方：55×55目] 30×25cm [刺しゅう面：21×17cm、額内寸：31×26cm]。コスモ25番刺繍糸(色番号は図案参照)。

● 加工は専門店に依頼します。

◆ 糸は全て2本どり

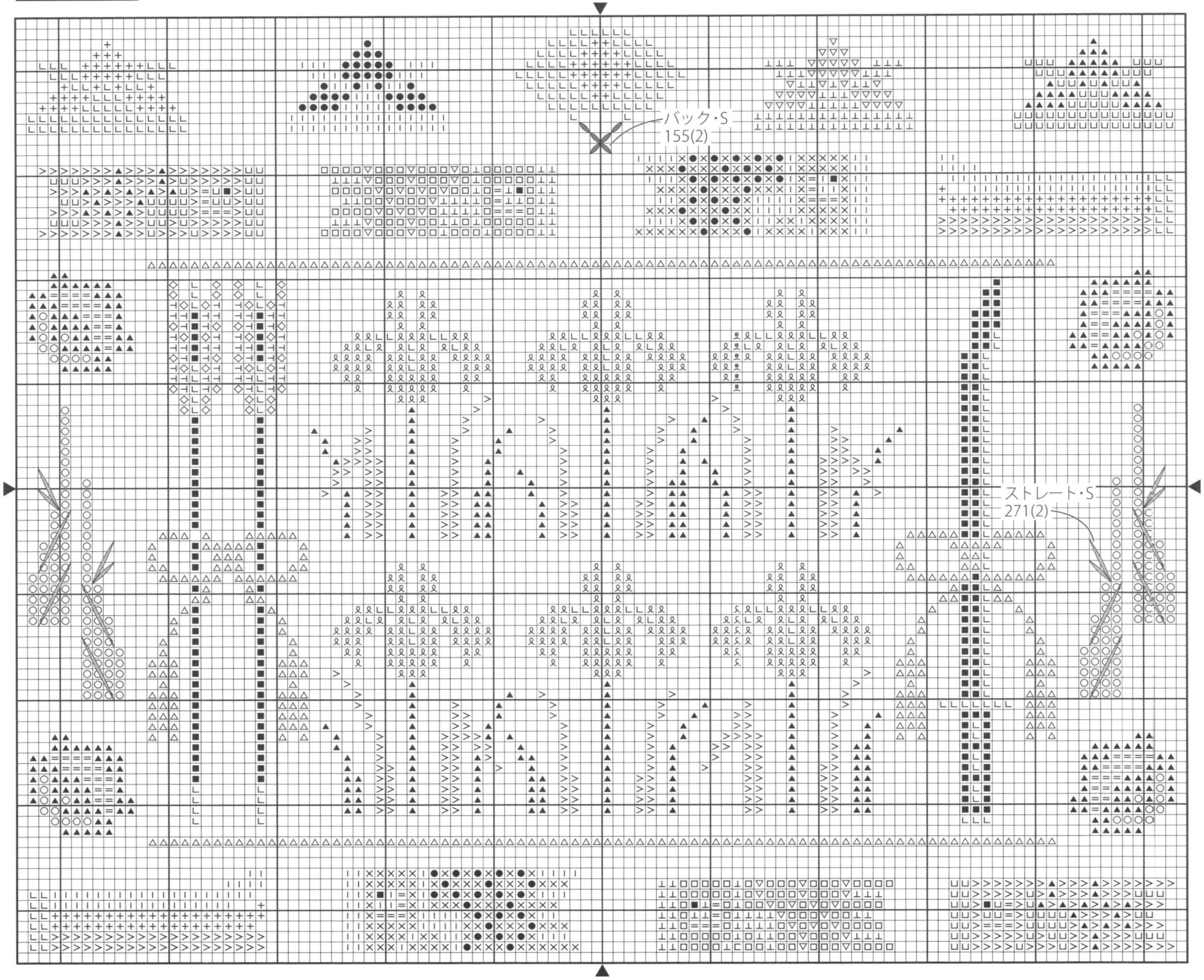

黄色、オレンジ系
- ＋ = 146
- レ = 302
- △ = 758

グレー系
- ■ = 155
- ◇ = 364
- T = 366

ピンク、赤系
- □ = 204
- ▽ = 206
- ⊥ = 481

グリーン系
- ＞ = 271
- ◀ = 273
- ○ = 275
- コ = 323

ブルー、紫系
- ✕ = 283
- ｜ = 411
- × = 2412
- ● = 414

白
- ═ = 100

バック・S 155(2)

ストレート・S 271(2)

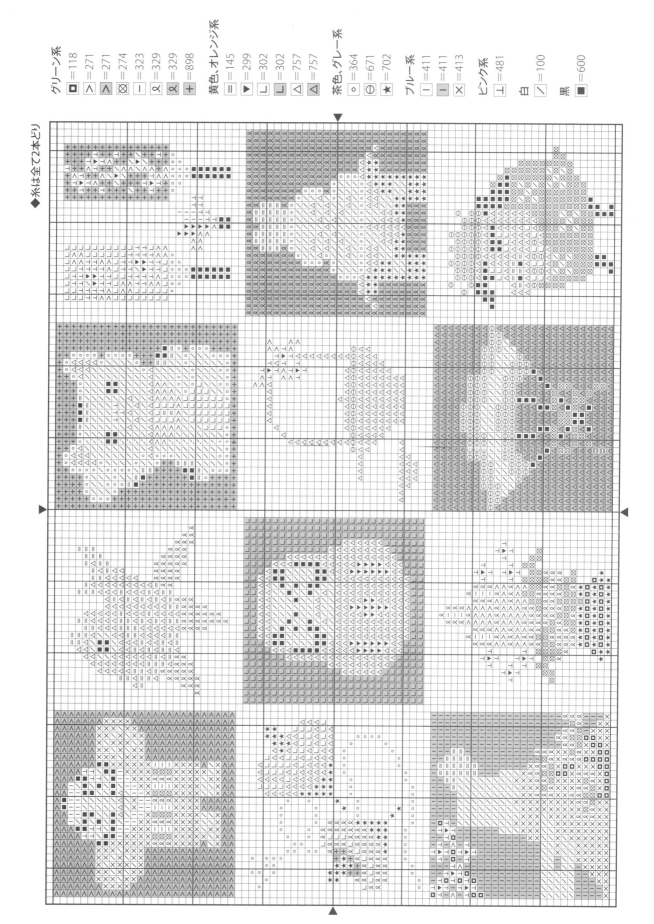

12ヶ月の歳時記

額II
口絵4ページ

- ●材料　コスモ3900番ジャバクロス55(10オフホワイト)　[10cm平方：55×55目]　40×30cm
  [刺しゅう面：28×21cm、額内寸：39×32cm]。
  コスモ25番刺繍糸(色番号は図案参照)。
- ●加工は専門店に依頼します。

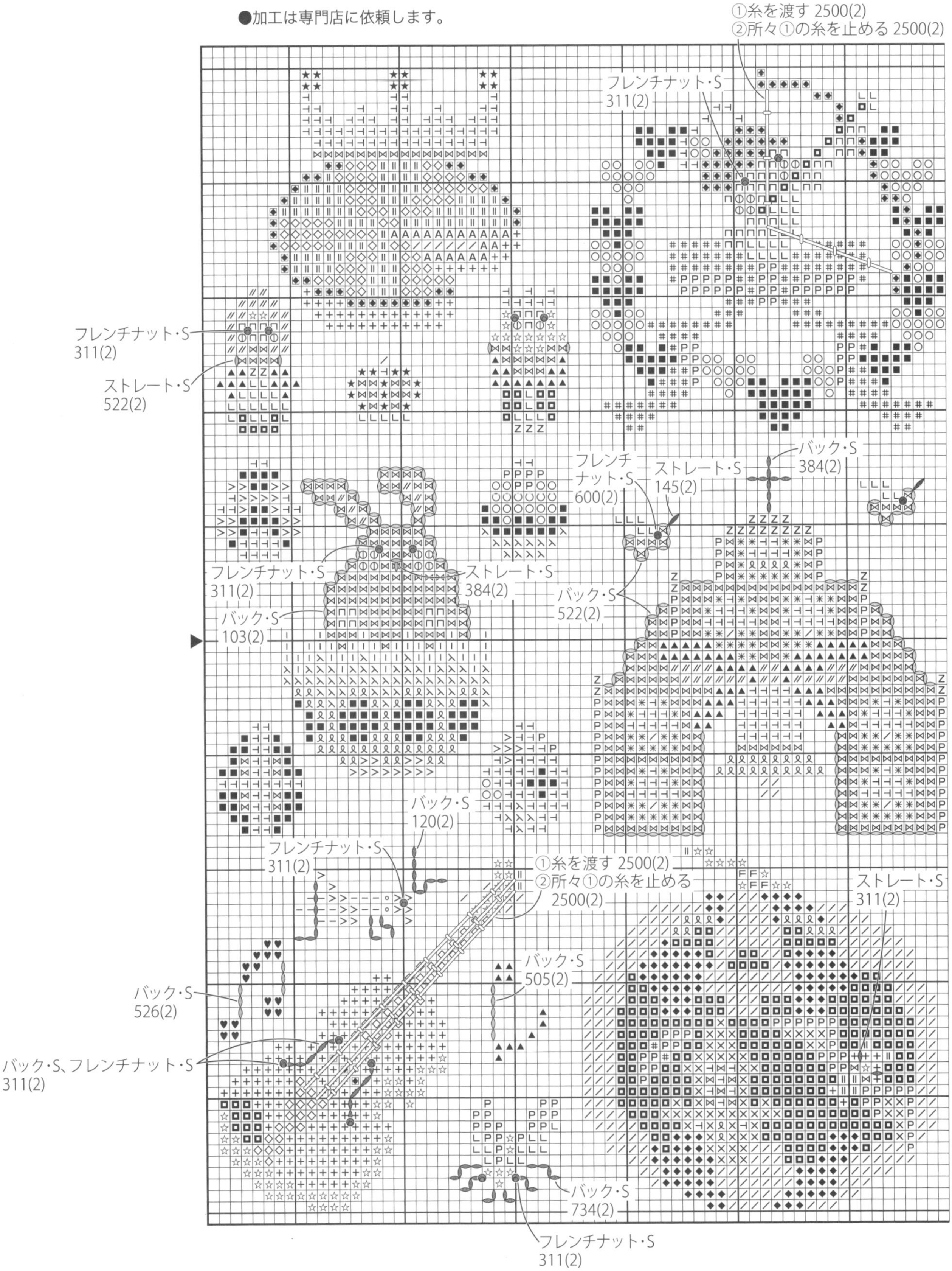

①糸を渡す 2500(2)
②所々①の糸を止める 2500(2)

フレンチナット・S 311(2)

フレンチナット・S 311(2)

ストレート・S 522(2)

フレンチナット・S 600(2)

ストレート・S 145(2)

バック・S 384(2)

フレンチナット・S 311(2)

ストレート・S 384(2)

バック・S 522(2)

バック・S 103(2)

フレンチナット・S 311(2)

バック・S 120(2)

①糸を渡す 2500(2)
②所々①の糸を止める 2500(2)

ストレート・S 311(2)

バック・S 505(2)

バック・S 526(2)

バック・S、フレンチナット・S 311(2)

バック・S 734(2)

フレンチナット・S 311(2)

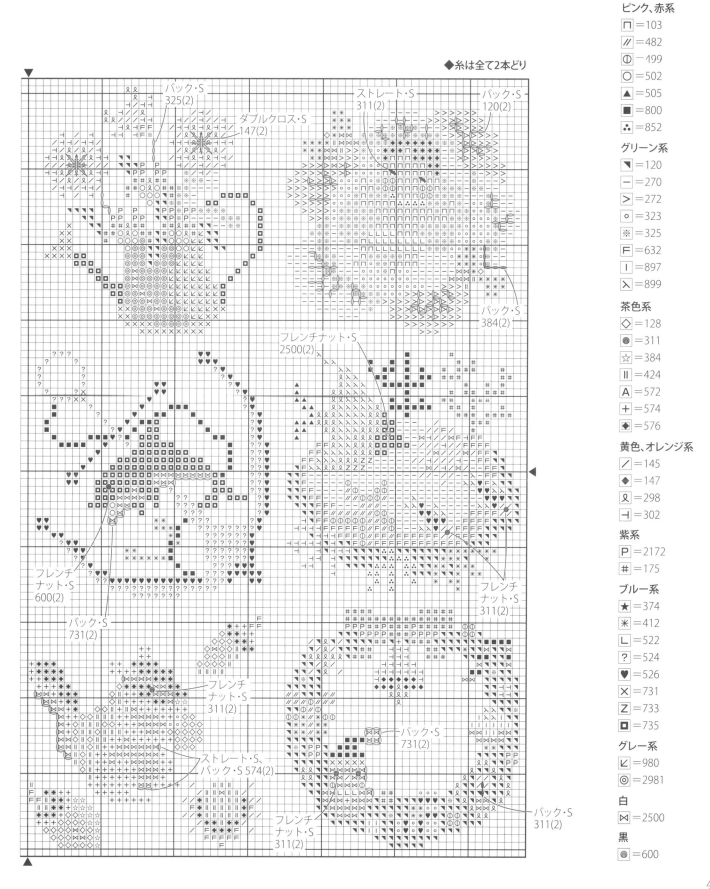

ひなまつり

- ●材料　コスモ3900番ジャバクロス55(10オフホワイト) [10cm平方：55×55目]　25×30cm
  [刺しゅう面：18×21cm、額内寸：29×32cm]。
  コスモ25番刺繍糸(色番号は図案参照)。
- ●加工は専門店に依頼します。

◆糸は全て2本どり

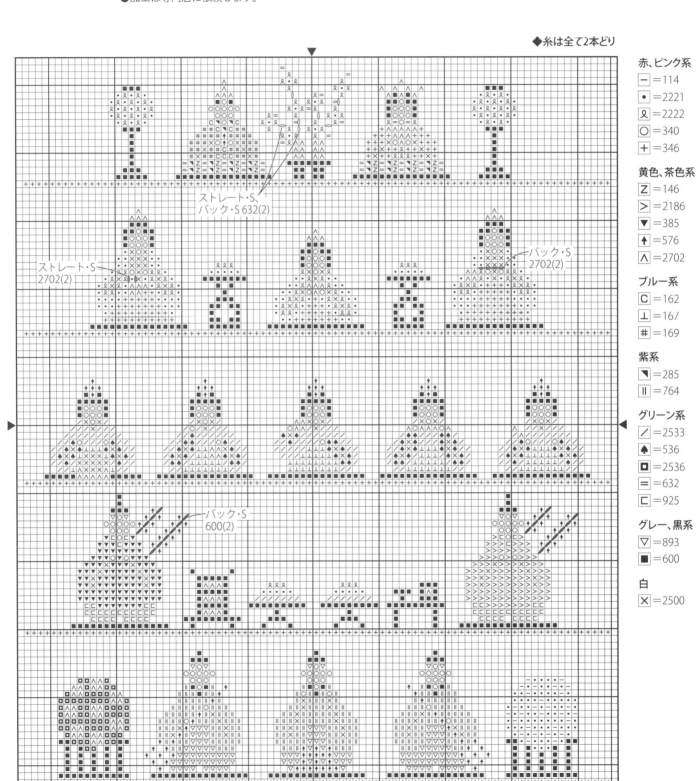

ひなまつりと端午の節句

ミニ色紙額 I
口絵20ページ

解説は
72ページに掲載

- ●材料 コスモ8000番オックスフォード地(11白) 25×25cm、接着芯 同寸、市販の額縁(色紙/寸松庵(1/4)サイズ)[内寸：12.2×13.7cm]。
  コスモ25番刺繍糸 黄143・145・146、297・301・302 グリーン335・336、672 赤342・2343・344・346 ブルー413、662・2662・663・2663・2664・665 オレンジ445 金茶702・2702 ブルーグレー734 赤茶858 藍ねず981・983 白500。
  コスモシーズンズ刺繍糸(解説中はSEと表記) 8023、8024、8049、8063。
  マディララメ糸(Art.No.9842)(解説中はDと表記) 25。

- ●アウトライン・Sはステッチ記号のみで、ステッチ名は省略しました。
- ●刺し終えたら、裏に接着芯を貼り、額縁の大きさに合わせてカットし、はめ込みます。

12ヶ月の歳時記

額 I
口絵2ページ

- ●材料 1月 薄麻地(白) 20×20cm。
  コスモ25番刺繍糸 ピンク112〜114、352・353 グリーン117 栗色128・2129・130 黄142・144 ローズ2224、812〜815 えんじ241・242 グリーン270・272、318・320、333 紫285・287 灰褐色365〜367 茶382・384 グレー474 黄褐色574・575、771〜773 金茶700 白500 黒600。
  マディララメ糸(Art.No.9842)(解説中はDと表記) 484、gold-6。
  2月 薄麻地(白) 20×20cm。
  コスモ25番刺繍糸 ピンク108 グリーン119・2120・121、273、820・823 グレー154、893〜895 茶185、307 えんじ242 赤茶467 ピンクローズ499 黄褐色573・575、771 オリーブ684 金茶702 白2500 黒600。
  マディララメ糸(Art.No.9842)(解説中はDと表記) 300、silver。
  3月 薄麻地(白) 20×20cm。
  コスモ25番刺繍糸 ピンク111・112・113、352 グリーン121、324、335・336 栗色130 黄141、300 えんじ240・241 紫285、761・763〜766 茶307・308、382・384 赤342・346 オレンジ404・406 ワイン3651 オリーブ685 金茶700・2702・703 グレー891・894 白2500 黒600。
  マディララメ糸(Art.No.9842)(解説中はDと表記) 484、gold-6。
  4月 薄麻地(白) 20×20cm。
  コスモ25番刺繍糸 ローズ220・221、811 灰褐色364・367 茶385、426 赤茶462〜465 ワイン651・3651・2652・653 オリーブ684 グリーン820・821 グレー891〜893・895 藍ねず980 白100、2500 黒600。
  5月 薄麻地(白) 20×20cm。
  コスモ25番刺繍糸 黄145、301 グレー151・153、472・475、891・892・894・895 えんじ241・242 浅葱251・2251・252・253・2253・254・255 紫285 グリーン324・325 灰褐色365 オレンジ405 オリーブ683 赤茶852 白2500 黒600。
  マディララメ糸(Art.No.9842)(解説中はDと表記) gold-6。
  6月 薄麻地(淡グレー) 20×20cm。
  コスモ25番刺繍糸 グリーン118・2118・119、820 茶312 ブルー521、662・2662・663・2663 灰褐色715 白2500。
  コスモシーズンズ刺繍糸(解説中はSEと表記) 8021、8035、8059。
  マディララメ糸(Art.No.9842)(解説中はDと表記) 300。
  7月 薄麻地(白) 20×20cm。
  コスモ25番刺繍糸 ピンク103〜105 グリーン116・117・118・2118・119 黄144・298・300 ブルー163・164、411 えんじ241 紫285 茶426 ブルーグリーン896〜898・900。
  マディララメ糸(Art.No.9842)(解説中はDと表記) gold-6。
  8月 薄麻地(淡グレー) 20×20cm。
  コスモ25番刺繍糸 黄144〜146 えんじ2241・242 紫264 赤2343・345 オリーブ683〜685 グレー892 ブルーグリーン897・898・900。
  9月 薄麻地(白) 20×20cm。
  コスモ25番刺繍糸 黄141〜143 グレー152 紫2281・283・286 グリーン317・318・319、534、631・633、673、822、923・924 ピンク352〜354 灰褐色366、714 茶382・383 赤紫481〜486 黄褐色574、773 ワイン651・2652・653 金茶703 白2500。
  マディララメ糸(Art.No.9842)(解説中はDと表記) gold-6。
  10月 薄麻地(淡グレー) 20×20cm。
  コスモ25番刺繍糸 紫262 ピンク353 グリーン533・2533・534・535・2535 ワイン651・3651・652・2652・653・655 金茶700〜702・2702・703・704 ブルーグレー731 ブルーグリーン896・897 白500。
  11月 薄麻地(白) 20×20cm。
  コスモ25番刺繍糸 えんじ2240 茶312、382・384・2424・426 グリーン323・324・326・328 赤344・346 オレンジ443・445 グレー474・475 朱752〜754 ピンク838。
  マディララメ糸(Art.No.9842)(解説中はDと表記) gold-6。
  12月 薄麻地(白) 20×20cm。
  コスモ25番刺繍糸 グレー151 えんじ240・2240・241・2241・242 オレンジ402 茶2424・425・426 黄褐色574 グリーン631・2631・632〜636 白2500。
  マディララメ糸(Art.No.9842)(解説中はDと表記) silver。

- ●アウトライン・Sはステッチ記号のみで、ステッチ名は省略しました。
- ●加工は専門店に依頼します。

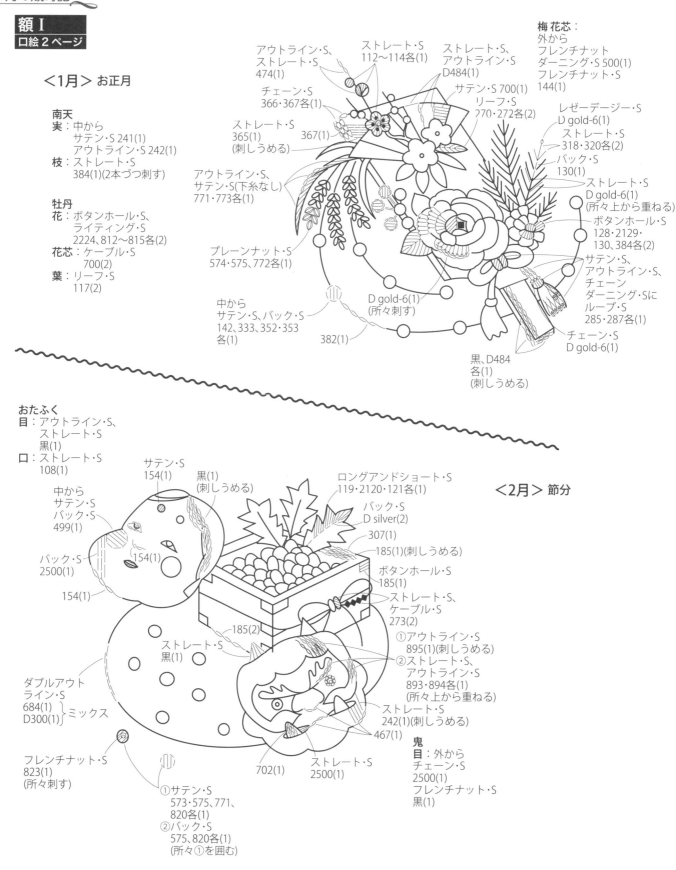

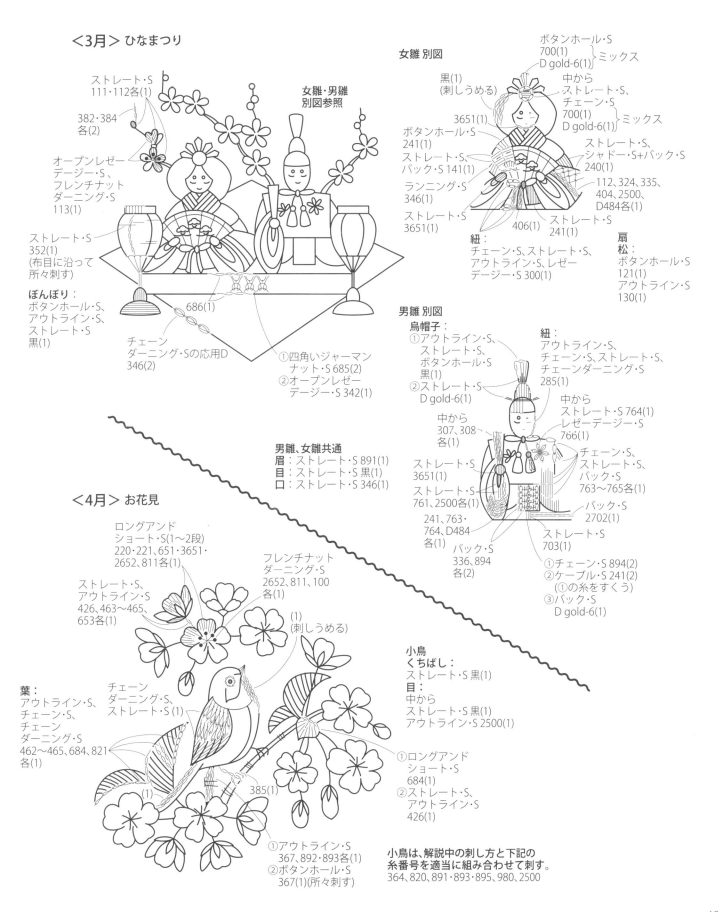

12ヶ月の歳時記

額 I
口絵2ページ

<5月> 端午の節句

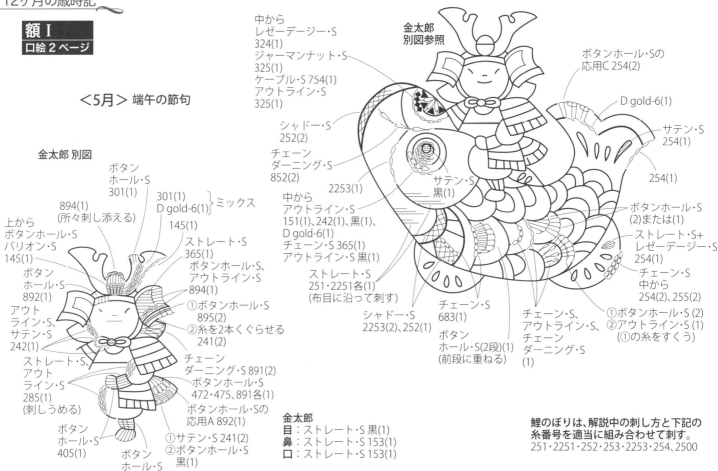

<6月> 雨降り

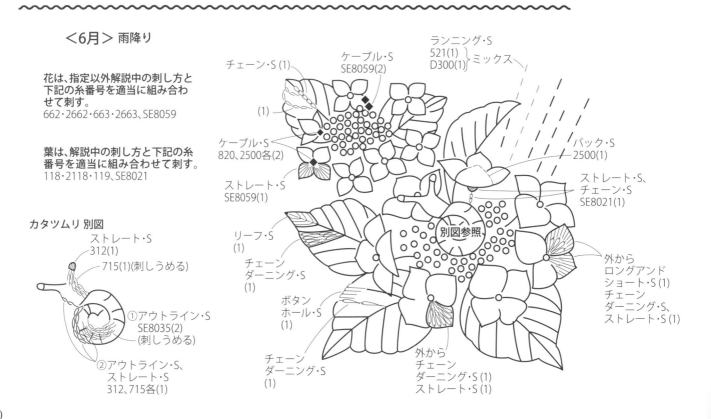

<7月> 七夕

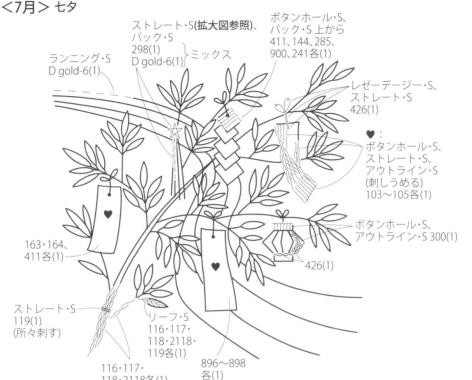

拡大図

1と8、2と5、3と10、4と7、6と9は同じ針穴にし、最後は先の糸にくぐらせる。

- ランニング・S D gold-6(1)
- ストレート・S(拡大図参照)、バック・S 298(1) D gold-6(1) ミックス
- ボタンホール・S、バック・S 上から 411、144、285、900、241各(1)
- レゼーデージー・S、ストレート・S 426(1)
- ♥：ボタンホール・S、ストレート・S、アウトライン・S (刺しうめる) 103〜105各(1)
- ボタンホール・S、アウトライン・S 300(1)
- 163・164、411各(1)
- 426(1)
- ストレート・S 119(1) (所々刺す)
- リーフ・S 116・117・118・2118・119各(1)
- 116・117・118・2118各(1)
- 896〜898各(1)

<8月> 花火

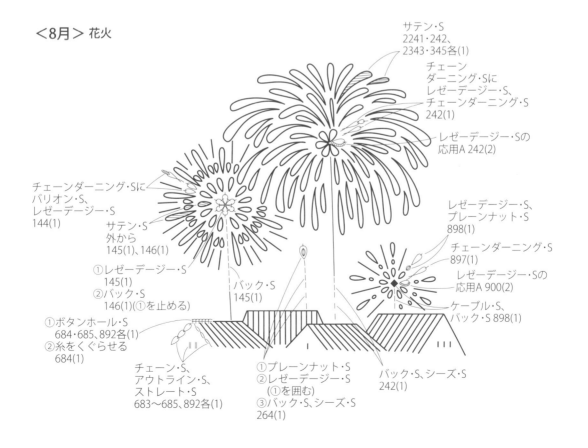

- サテン・S 2241・242、2343・345各(1)
- チェーンダーニング・Sにレゼーデージー・S、チェーンダーニング・S 242(1)
- レゼーデージー・Sの応用A 242(2)
- チェーンダーニング・Sにバリオン・S、レゼーデージー・S 144(1)
- サテン・S 外から 145(1)、146(1)
- ①レゼーデージー・S 145(1)
  ②バック・S 146(1)(①を止める)
- ①ボタンホール・S 684・685、892各(1)
  ②糸をくぐらせる 684(1)
- チェーン・S、アウトライン・S、ストレート・S 683〜685、892各(1)
- バック・S 145(1)
- ①プレーンナット・S
  ②レゼーデージー・S (①を囲む)
  ③バック・S、シーズ・S 264(1)
- バック・S、シーズ・S 242(1)
- レゼーデージー・S、プレーンナット・S 898(1)
- チェーンダーニング・S 897(1)
- レゼーデージー・Sの応用A 900(2)
- ケーブル・S、バック・S 898(1)

12ヶ月の歳時記

額 I
口絵2ページ

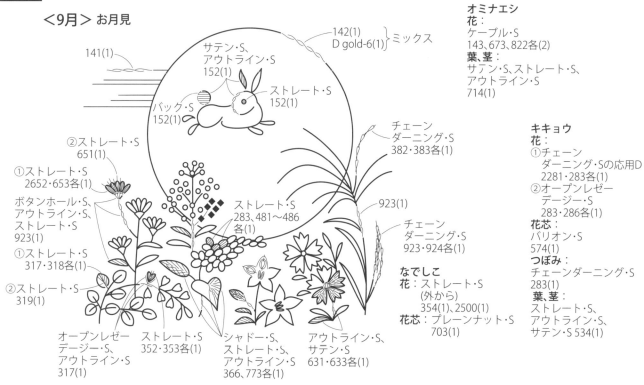

<9月> お月見

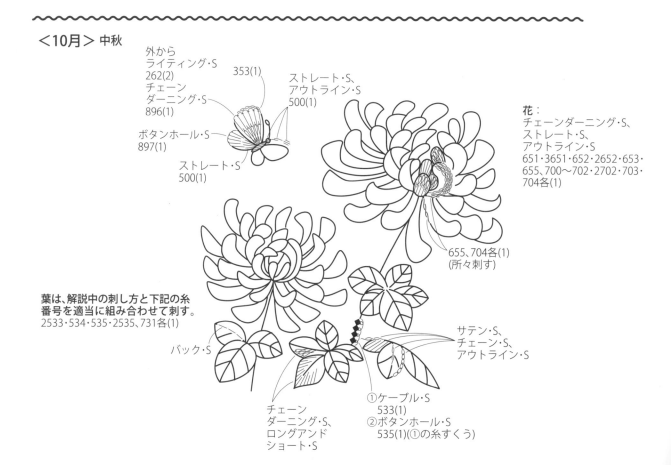

<10月> 中秋

<11月> 紅葉狩り

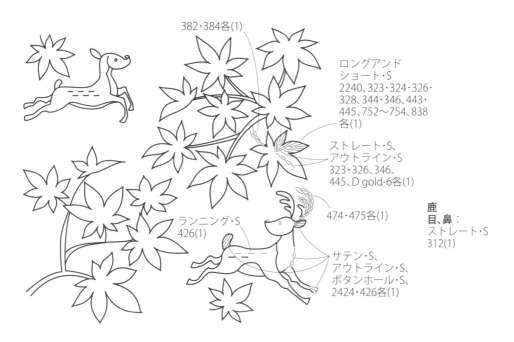

<12月> 春待月

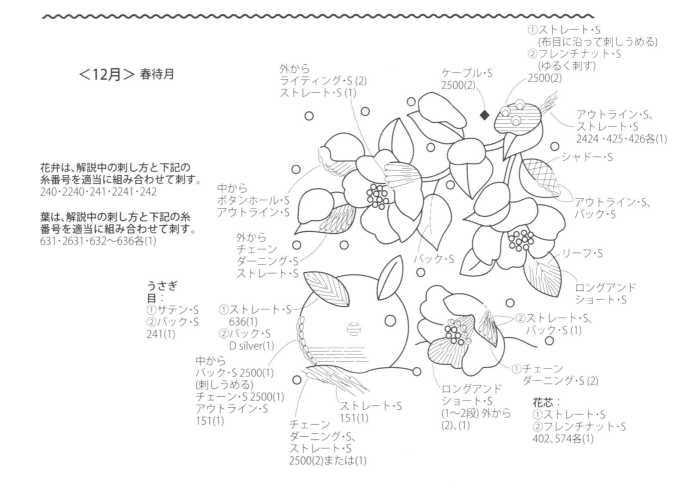

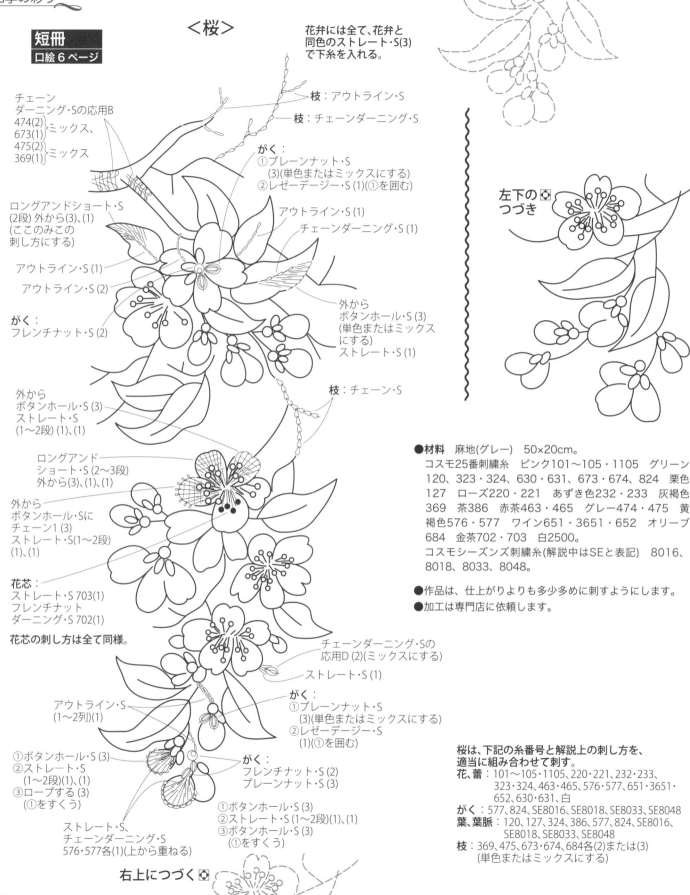

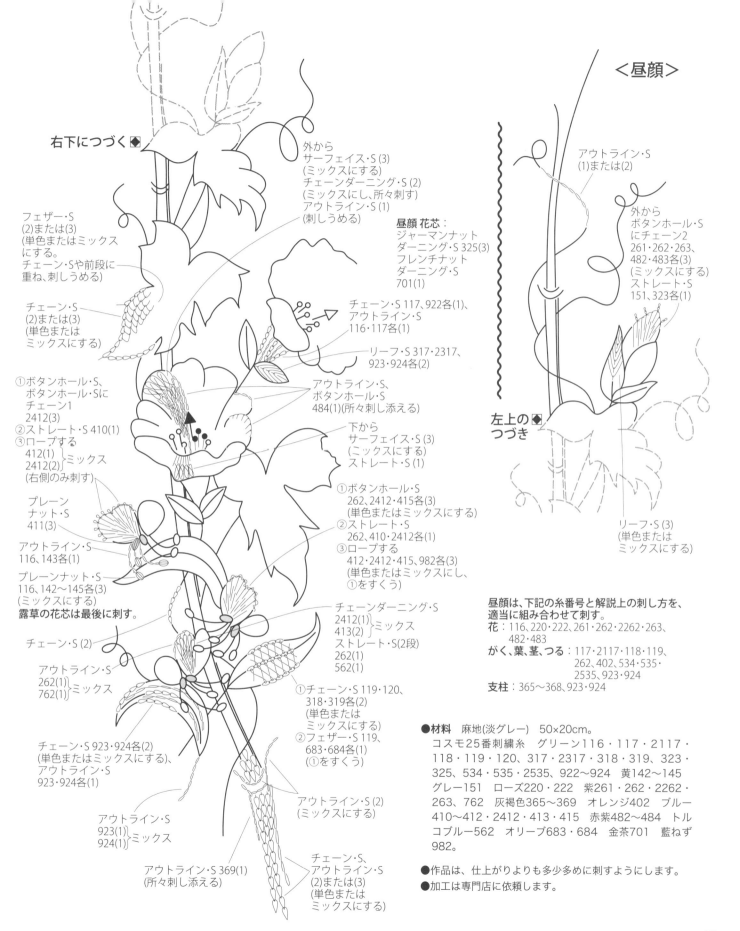

四季の彩り

短冊
口絵6ページ

- ●**材料** 麻地(淡茶) 50×20cm。コスモ25番刺繍糸 栗色128・129・2129 茶185・3185・186・2186・187・188、2307・308、384・385、2424 灰褐色367～369 グレー476 グリーン671～674、823・824 紫761・763 黄褐色771。
- ●作品は、仕上がりよりも多少多めに刺すようにします。
- ●加工は専門店に依頼します。

<柿>

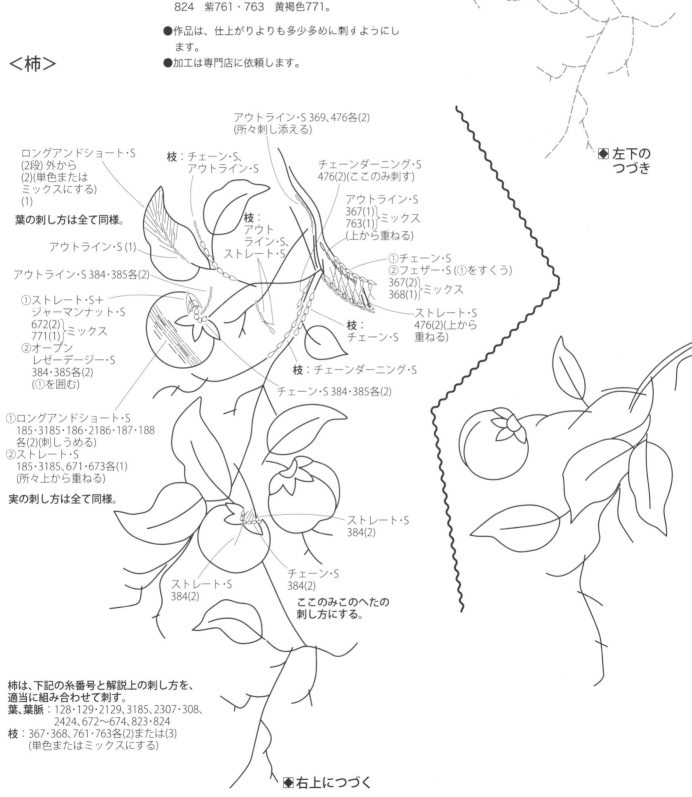

アウトライン・S 369、476各(2)
(所々刺し添える)

枝:チェーン・S、アウトライン・S

チェーンダーニング・S 476(2)(ここのみ刺す)

アウトライン・S 367(1) 763(1) ミックス (上から重ねる)

ロングアンドショート・S (2段) 外から (2)(単色またはミックスにする) (1)
葉の刺し方は全て同様。

アウトライン・S (1)

枝:アウトライン・S、ストレート・S

①チェーン・S
②フェザー・S (①をすくう)
367(2)
368(1) ミックス

アウトライン・S 384・385各(2)

①ストレート・S＋ジャーマンナット・S 672(2) 771(1) ミックス
②オープンレゼーデージー・S 384・385各(2)(①を囲む)

枝:チェーン・S

枝:チェーンダーニング・S

ストレート・S 476(2)(上から重ねる)

チェーン・S 384・385各(2)

①ロングアンドショート・S 185・3185・186・2186・187・188各(2)(刺しうめる)
②ストレート・S 185・3185、671・673各(1)(所々上から重ねる)
実の刺し方は全て同様。

ストレート・S 384(2)

チェーン・S 384(2)

ストレート・S 384(2)

ここのみこのへたの刺し方にする。

柿は、下記の糸番号と解説上の刺し方を、適当に組み合わせて刺す。
葉、葉脈:128・129・2129・3185、2307・308、2424、672～674、823・824
枝:367・368、761・763各(2)または(3)
(単色またはミックスにする)

◆左下のつづき

◆右上につづく

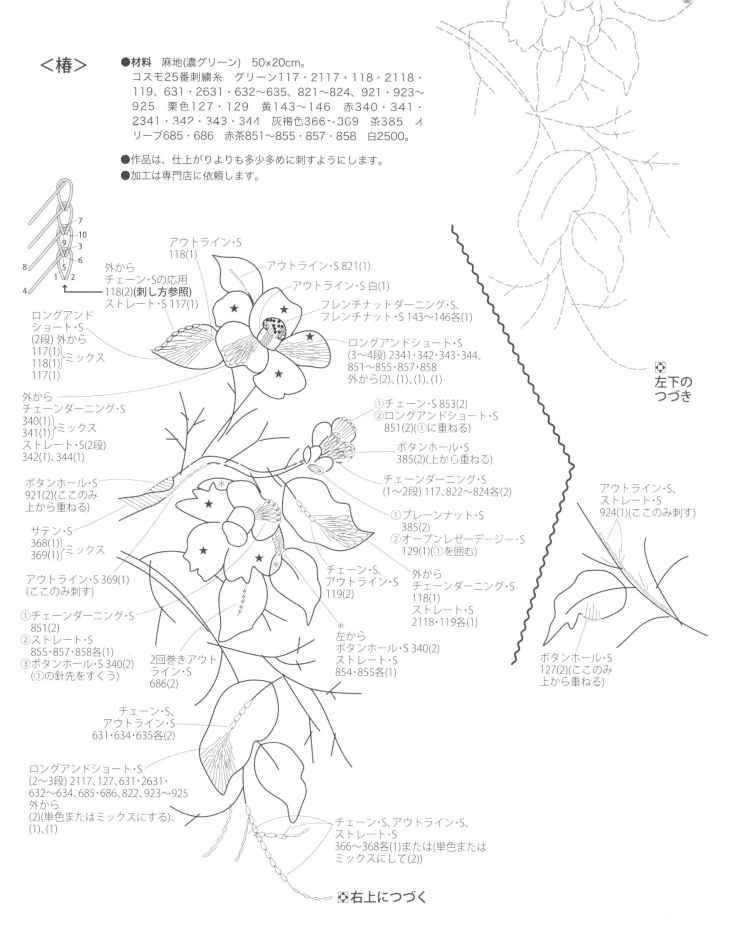

クリスマス

フリークロス
口絵8ページ

シャドー・S
316・2317・
318・319各(2)

ナッツダーニング・S
320(1)

チェーン・S
318(2)

アウトライン・S、
サテン・S
D24(3)

チェーン・S
772(2)

チェーンダーニング・S
367・368各(1)
(刺しうめる)

①ストレート・S
(刺しうめる)
771・772各(1)
②ストレート・S D24(2)
(所々重ねる)
③ボタンホール・S
772(1)(両側から重ねる)

アウトライン・S、
シャドー・S
771・772、820各(2)

バック・S、
ストレート・S
372、523各(2)

フレンチ
ナット・S
D41(3)

サテン・S
242、369、924各(1)

フレンチナット・S
364・369各(2)

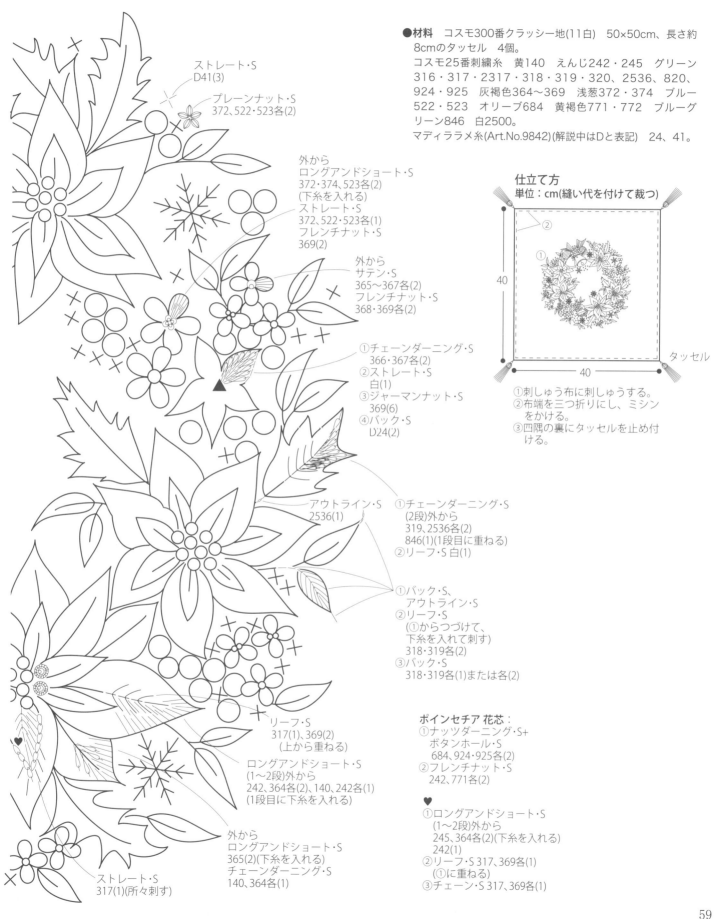

クリスマス

ランチョンマット
口絵9ページ

- ●材料 コスモ300番クラッシー地(11白) 50×40cm(各一枚分)。
  A コスモ25番刺繍糸 青紫172・2172・173・174 えんじ242 グリーン276、316・317・2317、535、632、922〜924 黄300 赤紫480〜486 ピンクローズ504 ワイン652 紫761・762・2762・763 赤茶858 ブルーグリーン898 白500、2500。
  コスモラメ糸(No.76 sparkles)(解説中はSPと表記) 1。
  B コスモ25番刺繍糸 ピンク111・112 黄140 青紫172・2172・174 茶187 ローズ2221・222・2222 あずき色236 グリーン2317、334〜337、533、632・633、922〜924 赤341・2341 ブルー410 グレー474 赤紫480〜486 トルコブルー563・2563 黄褐色574 金茶704 ブルーグレー730〜732 赤茶858 白500、2500。
  コスモラメ糸(No.76 sparkles)(解説中はSPと表記) 1。
  マディララメ糸(Art.No.9842)(解説中はDと表記) 300。
- ●図案は、写真参照の上、適当に配置します。

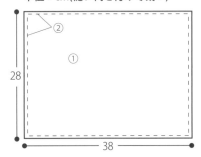

仕立て方
単位：cm(縫い代を付けて裁つ)

①刺しゅう布に刺しゅうする。
②布端を三つ折りにし、ミシンをかける。

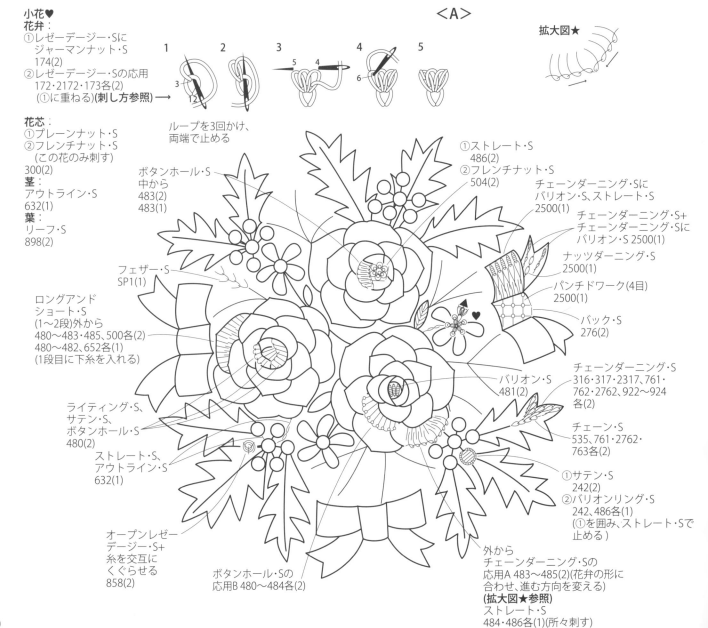

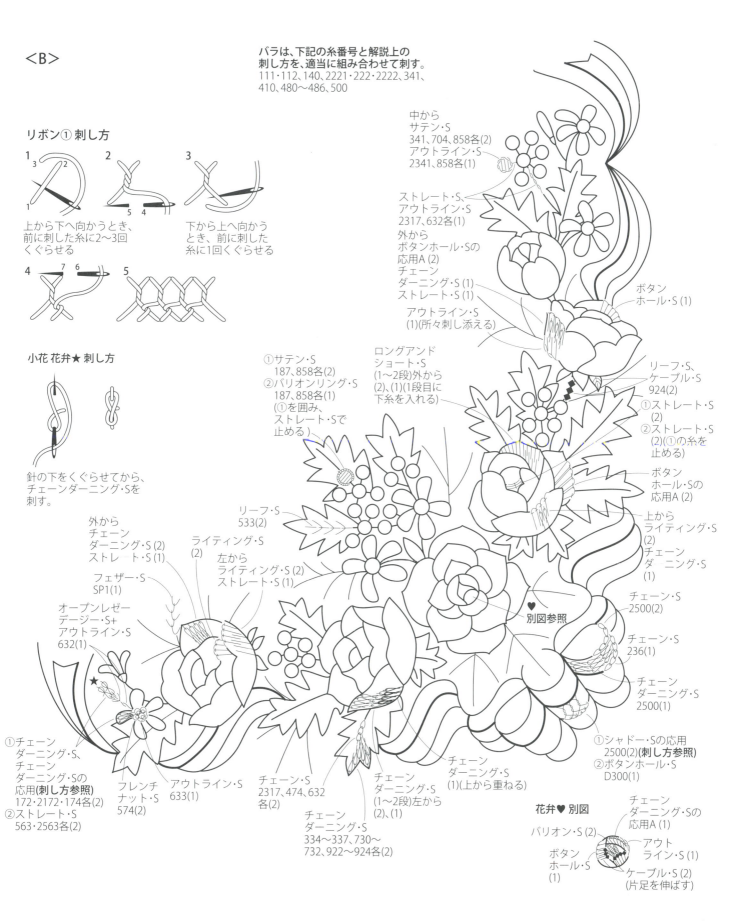

ドイリー I
口絵 10 ページ

- **材料** 市販の手芸用ドイリー(赤) [10cm平方：約120×120目、仕上がり寸法：約20×20cm]。コスモ25番刺繍糸　えんじ2241　白2500。マディララメ糸(Art.No.9842)(解説中はDと表記)　25、41、300。
- 紙面の都合上、図案を別々に解説しました。配置図参照の上、配置します。

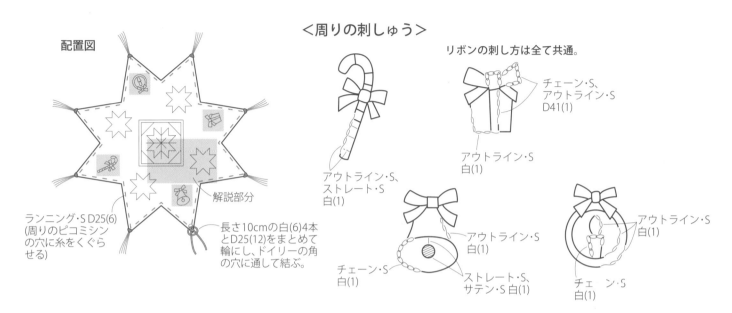

＜周りの刺しゅう＞

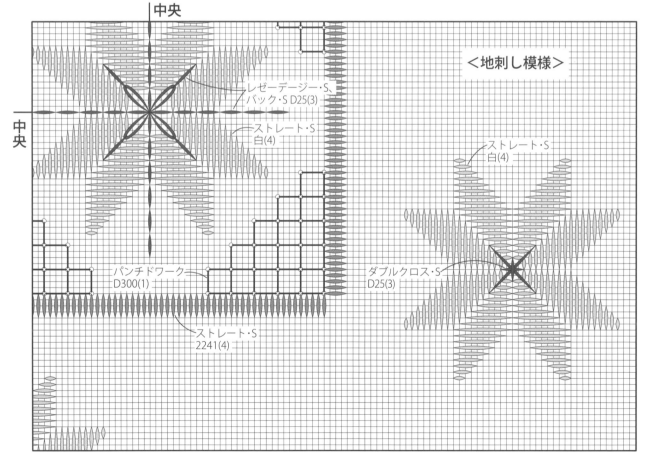

＜地刺し模様＞

ドイリーⅡ
口絵 11 ページ

●材料　市販の手芸用ドイリー(白) [10cm平方：約180×180目、仕上がり寸法：約24×24cm]。
コスモ25番刺繍糸　ピンク2111　グリーン119・120、318・319・320、334〜337、384・385　黄300　茶309・310・2311　黄褐色574、774・775　ブルー664　灰褐色712　赤798・800　赤茶857・858　白500。
コスモシーズンズ刺繍糸(解説中はSEと表記)　8066。
マディララメ糸(Art.No.9842)(解説中はDと表記)　25、41。

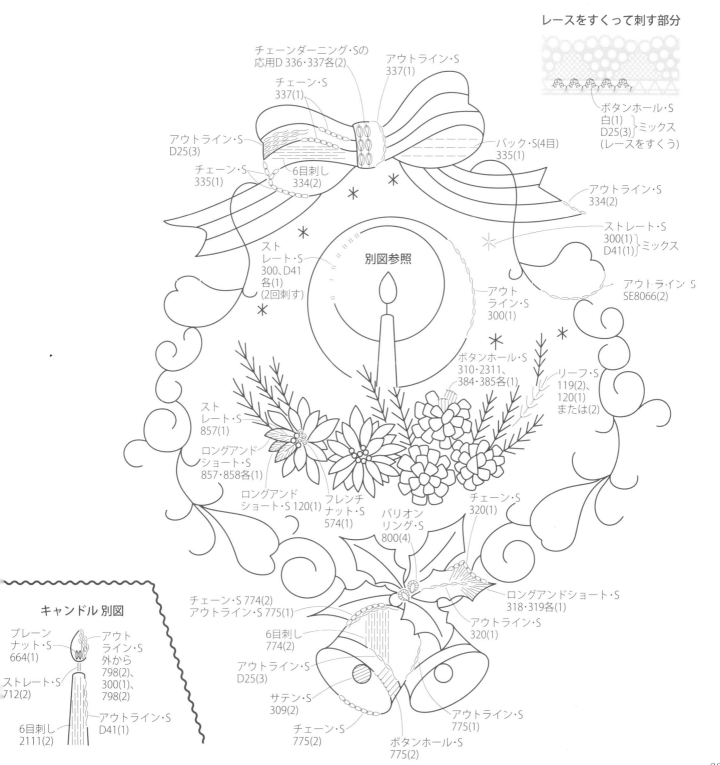

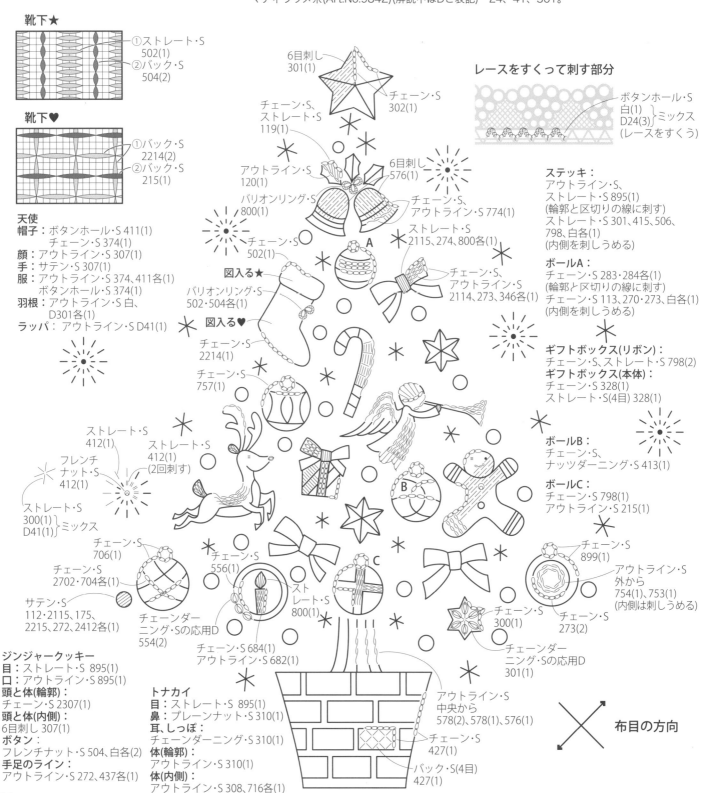

●材料　市販の手芸用ドイリー(白) [10cm平方：約180×180目、仕上がり寸法：約24×24cm]。
コスモ25番刺繍糸　ピンク113・2114、832　グリーン120・121、270・272・273・275、319・320、326・328、826　黄142、300・301　グレー151、895　ブルー2214・215、410　紫283・286　茶307・309・2311、426・427　灰褐色366、711　赤茶467　ピンクローズ502・506　紫紺554・556　黄褐色576、775　オリーブ682・684　ブルーグレー735　朱754・758　赤800　ローズ813・815　ブルーグリーン898・900　ベージュ1000　白2500　黒600。
マディララメ糸(Art.No.9842)(解説中はDと表記)　25、41、301。

レースをすくって刺す部分

ボタンホール・S
白(1)
D41(3) }ミックス
(レースをすくう)

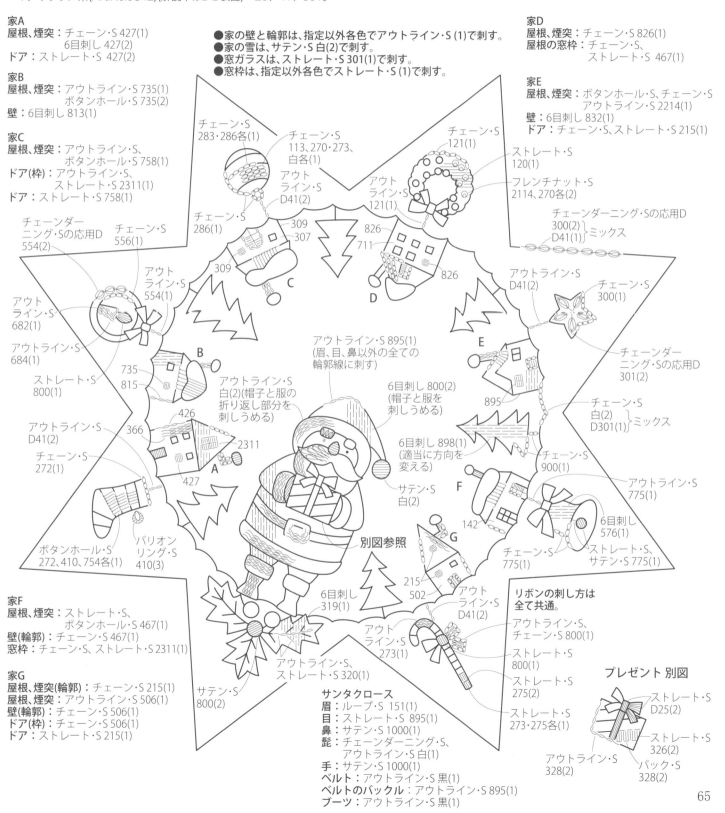

クリスマス

オーナメントII
口絵13ページ

ブーツ型

<表面>

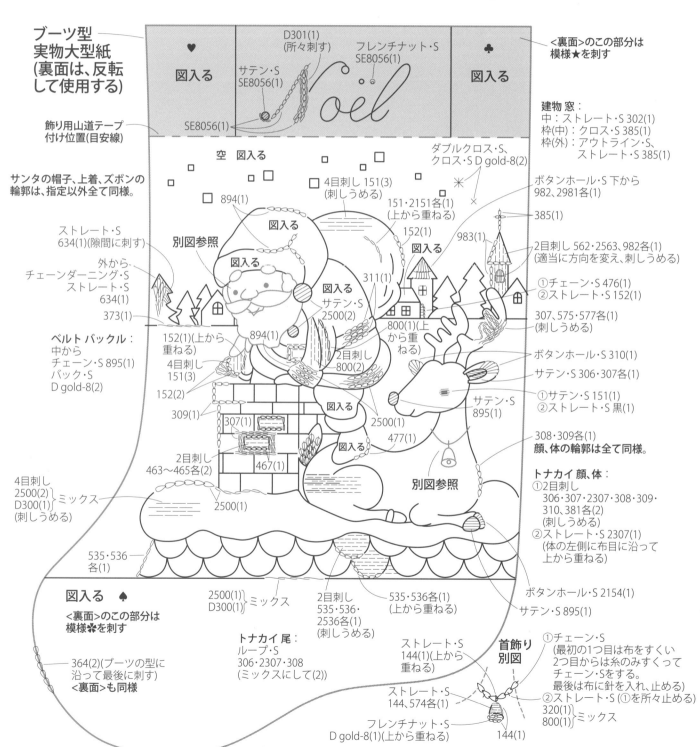

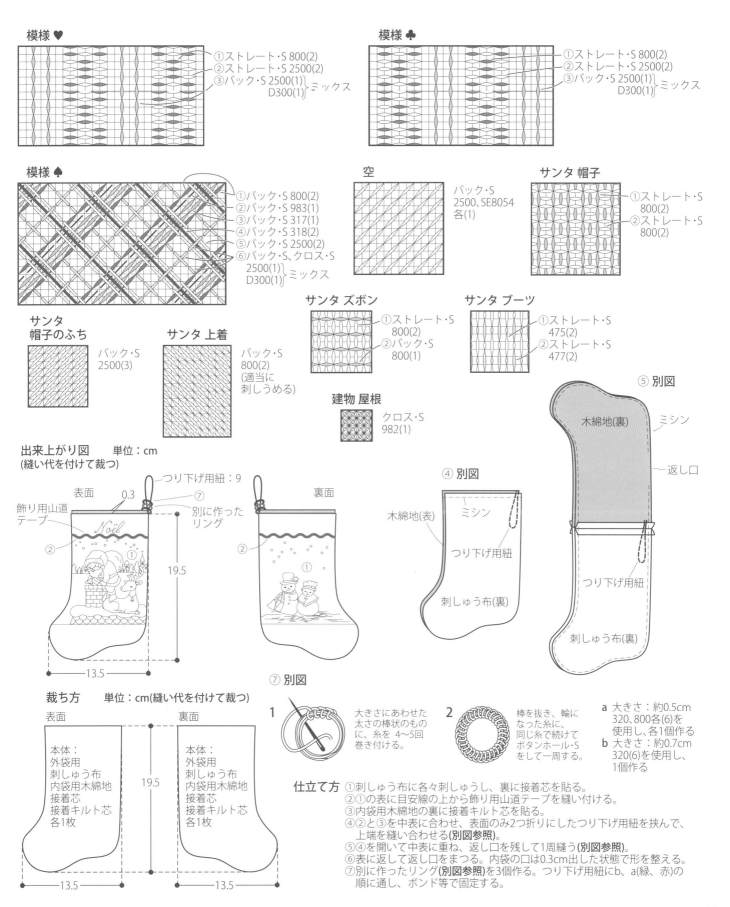

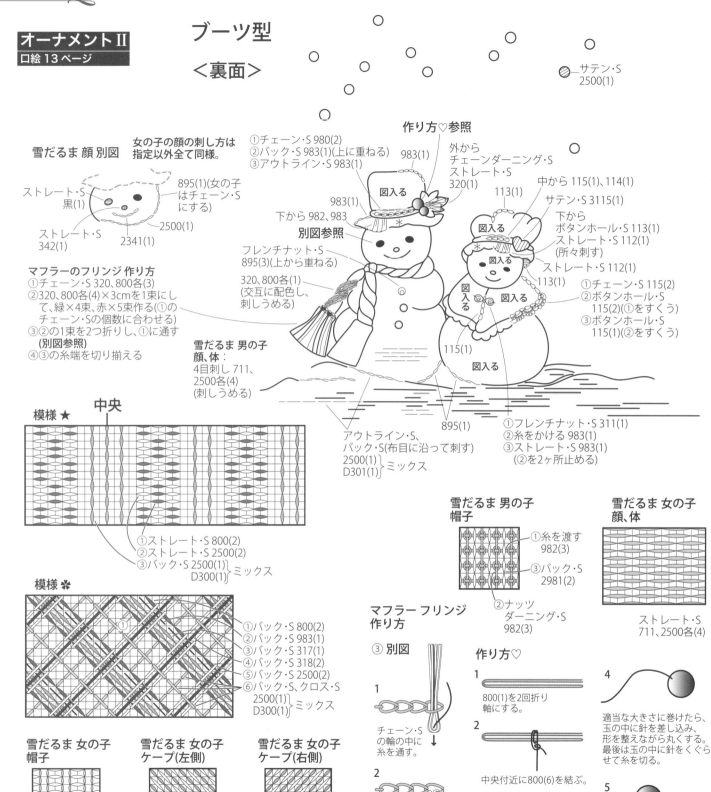

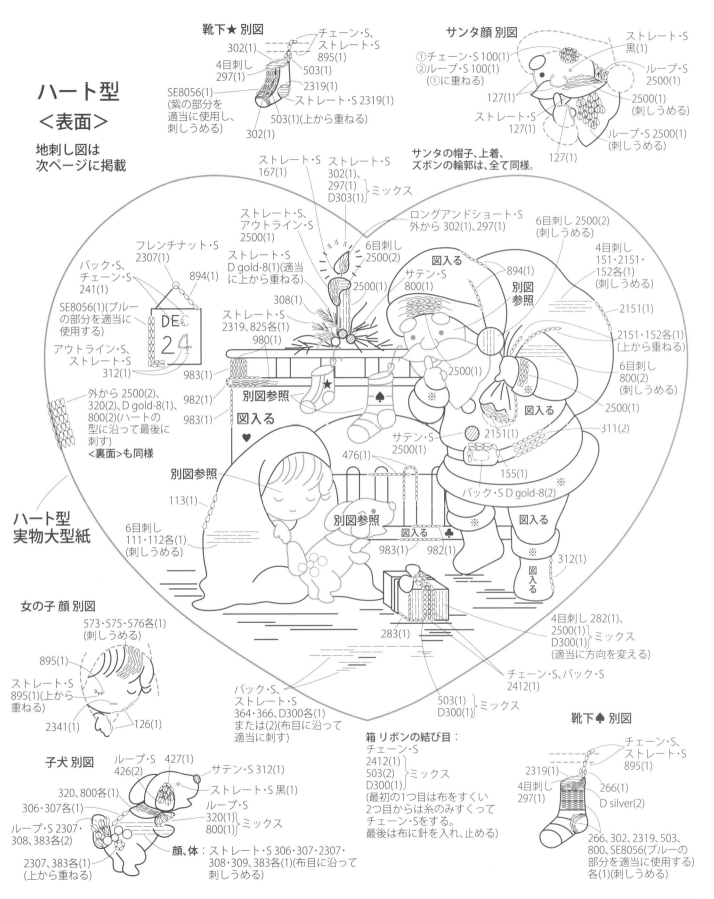

クリスマス

オーナメントⅡ
口絵13ページ

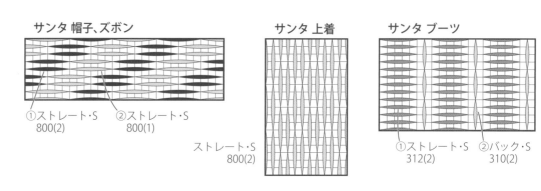

サンタ 帽子、ズボン
①ストレート・S 800(2)
②ストレート・S 800(1)

サンタ 上着
ストレート・S 800(2)

サンタ ブーツ
①ストレート・S 312(2)
②バック・S 310(2)

暖炉 ♥
①ストレート・S 982(1)
②ストレート・S 980(1)

暖炉 ♣
①ストレート・S 982(1)
②ストレート・S 980(1)

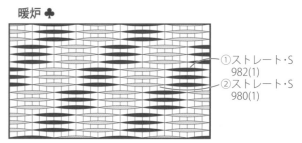

2412(1)
D301(1)（所々刺す）
ストレート・S 2412(1)

ハート型
＜裏面＞

フレンチナット・S 575(1)
D300(1) ミックス
ストレート・S SE8045(1)
サテン・S 241(1)
ロングアンドショート・S (2段) 外から(1)、(1) 117・2118・119、683〜685
119(1)
ロングアンドショート・S (1〜2段) 外から(1)、(1) 319・2319・320
2319・320各(1)
308・309各(1) （渦巻き状に刺す）
308(1)
D gold-8(1) （所々上から重ねる）
924(1)
ボタンホール・S 151(1)
2262(1) （所々刺し添える）
ロングアンドショート・S (3段) 外から(1)、(1)、(1) 261・262・2262、410・411

出来上がり図　　単位：cm (縫い代を付けて裁つ)

つり下げ用紐：9
別に作ったリング

表面 / 裏面　Merry Christmas

14.5 / 17.5

フリルレース(片側ゴム付き)

裁ち方　　単位：cm (縫い代を付けて裁つ)

本体：
刺しゅう布
接着芯
各2枚

14.5 / 17.5

④ 別図
リングの作り方は33頁参照

大きさ：約0.5cm
320、800各(6)を使用し、各1個作る

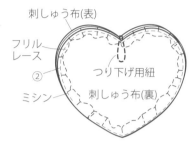

刺しゅう布(表)
フリルレース
つり下げ用紐
ミシン
刺しゅう布(裏)

つり下げ用紐
④
③ 綿

仕立て方
① 刺しゅう布に各々刺しゅうし、裏に接着芯を貼る。
② ①を中表に合わせ、フリルレース、2つ折りにしたつり下げ用紐を挟み、返し口を残して縫い合わせる。
③ 表に返して綿を詰め、返し口をまつる。
④ 別に作ったリング(別図参照)を2個作る。つり下げ用紐に緑、赤の順に通し、ボンド等で固定する。

ブーツ型
● **材料**　コスモ8000番オックスフォード地(10オフホワイト)　40×30cm、内袋用木綿地(赤と白の格子柄)、接着芯、接着キルト芯各同寸、飾り用山道テープ(赤)　30cm、紐(青と緑系)　15cm。

<表面> コスモ25番刺繍糸　栗色127・128　黄144、302　グレー151・2151・152・2154、475～477、894・895　茶306・307・2307・308～311、381・385　グリーン317・318・320、535・536・2536、634　灰褐色364　浅葱373　赤茶463～465・467　トルコブルー562・2563　黄褐色574・575・577　赤800　藍ねず2981・982・983　白100、2500　黒600。
コスモシーズンズ刺繍糸(解説中はSEと表記)　8054、8056。
マディララメ糸(Art.No.9842)(解説中はDと表記)　300、301、gold-8。

<裏面> コスモ25番刺繍糸　ピンク112～114・115・3115　茶311　グリーン317・318・320　赤2341・342、800　灰褐色364、711　グレー895　ブルーグリーン897・898　藍ねず980・2981・982・983　白2500　黒600。
マディララメ糸(Art.No.9842)(解説中はDと表記)　300、301。

● アウトライン・S、チェーン・Sはステッチ記号のみで、ステッチ名は省略しました。
● 作品は、仕上がりよりも多少多めに刺すようにします。

ハート型
● **材料**　コスモ300番クラッシー地(11白)　45×25cm、接着芯　同寸、オーガンジーフリルレース(片側ゴム付き)(白)　60cm、紐(紫とピンク系)　15cm、手芸用綿　適宜。

<表面> コスモ25番刺繍糸　ピンク111・112・113　栗色126・127　グレー151・2151・152・155、476、894・895　ブルー167、2412　えんじ241　紫266、282・283　黄297・302　茶306・307・2307・308～311・312、383、426・427　グリーン2319・320、825　赤2341、800　灰褐色364・366　ピンクローズ503　黄褐色573・575・576　赤800　藍ねず980・982・983　白100、2500　黒600。
コスモシーズンズ刺繍糸(解説中はSEと表記)　8056。
マディララメ糸(Art.No.9842)(解説中はDと表記)　300、303、silver、gold-8。

<裏面> コスモ25番刺繍糸　グリーン117・2118・119、319・2319・320、924　グレー151　えんじ241　紫261・262・2262　茶308・309　ブルー410・411・2412　黄褐色575　オリーブ683～685　赤800　白2500。
コスモシーズンズ刺繍糸(解説中はSEと表記)　8045。
マディララメ糸(Art.No.9842)(解説中はDと表記)　300、301、gold-8。

● アウトライン・S、チェーン・Sはステッチ記号のみで、ステッチ名は省略しました。

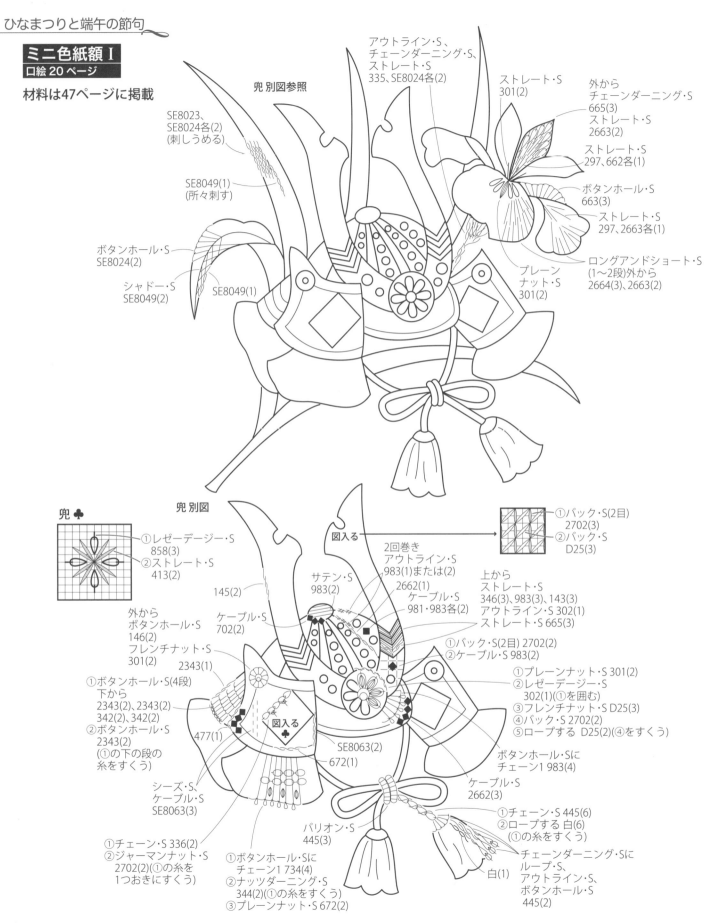

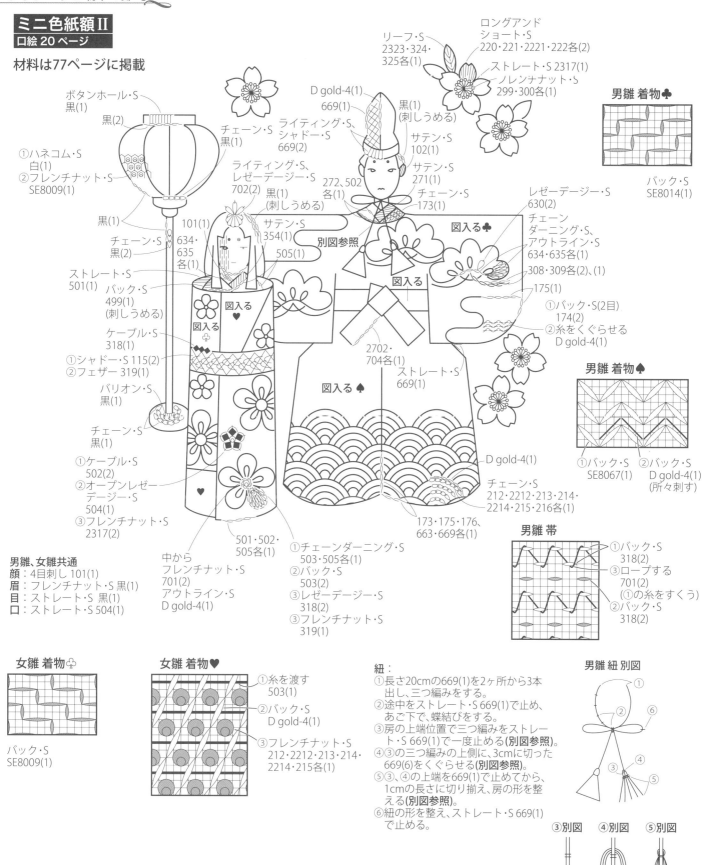

ひなまつりと端午の節句

ミニ額
口絵 21 ページ

- **材料** コスモ300番クラッシー地(31シルバーグレー) 20×20cm、接着芯 同寸、市販の額縁[内寸：10×10cm]。
  コスモ25番刺繍糸 黄144・146、301 グレー155、476・477 ブルー162・163、165〜168、2211・2212・214、664 グリーン273・274、336、632 赤342・343・2343・345 茶383・386 ブルー412・2412・413 金茶2702 黄褐色774 白500 黒600。
- アウトライン・Sはステッチ記号のみで、ステッチ名は省略しました。
- 刺しゅうを刺し終えたら、裏に接着芯を貼り、額縁の大きさに合わせてカットし、はめ込みます。

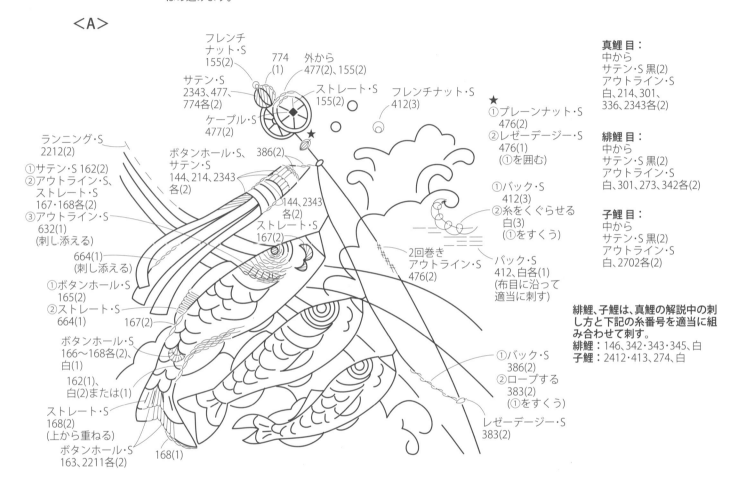

<B>

- **材料** コスモ8000番オックスフォード地(11白) 20×20cm、接着芯 同寸、市販の額縁[内寸：10×10cm]。
  コスモ25番刺繍糸 グレー151・154、890〜894 ブルー164、521・522 赤2341・342・2343・344・345 茶426 黄褐色574・575 グリーン821〜824 ブルーグリーン845 白2500 黒600。
- アウトライン・Sはステッチ記号のみで、ステッチ名は省略しました。
- 刺しゅうを刺し終えたら、裏に接着芯を貼り、額縁の大きさに合わせてカットし、はめ込みます。

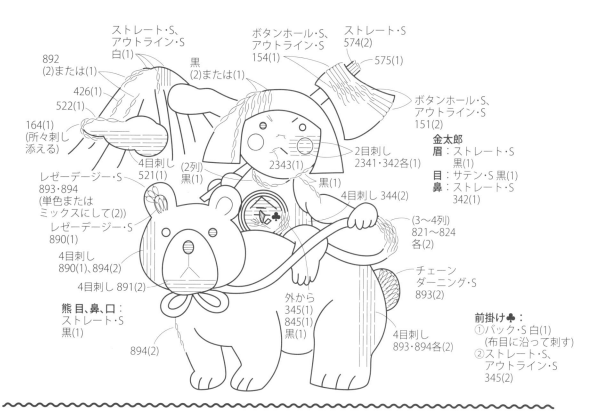

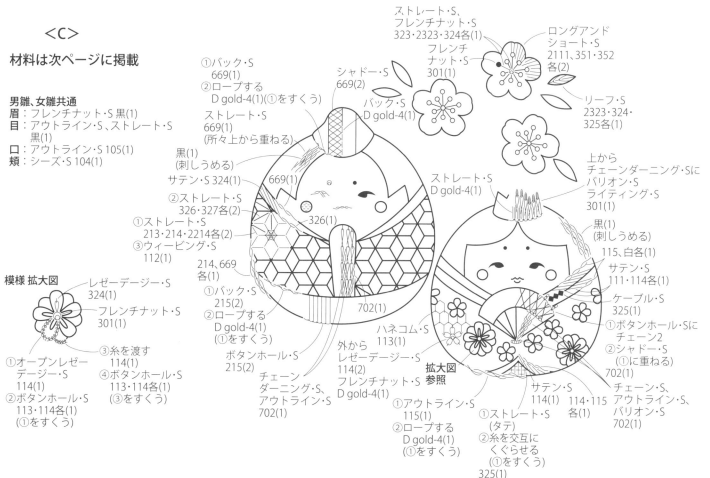

ひなまつりと端午の節句

ミニ額
口絵21ページ

<C>

- ●材料　コスモ300番クラッシー地(20フラックス)　20×20cm、接着芯同寸、市販の額縁[内寸：10×10cm]。
  コスモ25番刺繍糸　ピンク104・105、111・2111、112〜114・115、351・352　ブルー213・214・2214、215、669　黄301
  グリーン323・2323・324〜327　金茶702　白2500　黒600。
  マディララメ糸(Art.No.9842)(解説中はDと表記)　gold-4。
- ●アウトライン・Sはステッチ記号のみで、ステッチ名は省略しました。
- ●刺し終えたら、裏に接着芯を貼り、額縁の大きさに合わせてカットし、はめ込みます。

<D>

- ●材料　コスモ300番クラッシー地(11白)　20×20cm、接着芯　同寸、市販の額縁[内寸：10×10cm]。
  コスモ25番刺繍糸　ピンク104、203　黄147、300・301　青紫172・175　グリーン272　紫285　赤340、798・800　ブルー411、526　ピンクローズ499　金茶2702　白2500　黒600。
- ●アウトライン・Sはステッチ記号のみで、ステッチ名は省略しました。
- ●刺し終えたら、裏に接着芯を貼り、額縁の大きさに合わせてカットし、はめ込みます。

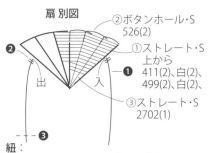

扇 別図

②ボタンホール・S 526(2)
①ストレート・S 上から 411(2)、白(2)、499(2)、白(2)、
③ストレート・S 2702(1)

紐：
❶長さ10cmの499(8)を表から裏を通して出す。
❷ストレート・S 499(2)で2ヶ所止める。
❸程よい長さで、糸をカットする。

男雛、女雛共通
髪の毛：アウトライン・S 黒(2)(刺しうめる)
眉：フレンチナット・S 黒(2)
目：ストレート・S 黒(1)
口：アウトライン・S 104(1)
耳：ストレート・S 340(2)

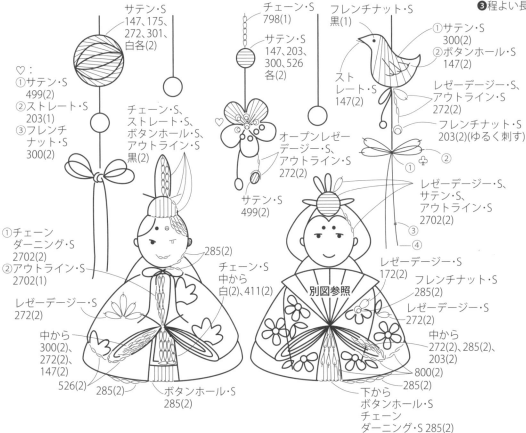

紐♣：
①長さ20cmの798(6)を表から裏に1目すくって2本出し、蝶結びにする。
②輪の先をストレート・S 798(1)で止める。
③ストレート・S 798(3)で止める。
④程よい長さで、糸をカットする。

ひなまつりと端午の節句

ミニ色紙額 II
口絵 20 ページ

解説は
73ページに掲載

- ●**材料** コスモ300番クラッシー地(31シルバーグレー) 25×25cm、接着芯 同寸、市販の額縁(色紙/寸松庵(1/4)サイズ)[内寸：12.2×13.7cm]。
  コスモ25番刺繍糸 ピンク101・102、115、354 ブルー212・2212・213・214・2214・215・216、663・669 青紫173～176 ローズ220・221・2221・222 グリーン271・272、2317・318・319、2323・324・325、630・634・635 黄299・300 茶308・309 ピンクローズ499・501～505 金茶701・702・2702・704 白2500 黒600。
  コスモシーズンズ刺繍糸(解説中はSEと表記) 8009、8014、8067。
  マディララメ糸(Art.No.9842)(解説中はDと表記) gold-4。

- ●アウトライン・Sはステッチ記号のみで、ステッチ名は省略しました。
- ●刺し終えたら、裏に接着芯を貼り、額縁の大きさに合わせてカットし、はめ込みます。

お正月

タペストリー
口絵 22 ページ

＜鶴＞

- ●**材料** コスモ300番クラッシー地(21ベージュ) 25×90cm、接着芯同寸、木綿地(赤) 60×110cm、22cm木製ポール 1本。
  コスモ25番刺繍糸 ピンク104・105・2105・106、205・206、351・353 グリーン116・118・2118・120、269、2323・325、338、536・2536・537、631・632・633・635・637、925 黄143・144・147、301 グレー152・153、893～895 ローズ2221・222・223・224 浅葱251・2251・252・253・254・255 紫263・265 茶306・2307・310・311、384、425・426 赤341・2341・342・343・2343・344～346、798・800 ブルー413・414 赤紫481・484 ワイン654 金茶702 赤茶858 白500、2500 黒600。
  コスモシーズンズ刺繍糸(解説中はSEと表記) 8006、8009、8015、8016、8025、8033、8040、8049、8050、8064、8073。
  マディララメ糸(Art.No.9842)(解説中はDと表記) 24。
  AIKASHAモヘア刺しゅう糸(解説中はMHと表記) 542。

- ●アウトライン・Sはステッチ記号のみで、ステッチ名は省略しました。

＜亀＞

- ●**材料** コスモ300番クラッシー地(21ベージュ) 25×90cm、接着芯同寸、木綿地(赤) 60×110cm、22cm木製ポール 1本。
  コスモ25番刺繍糸 ピンク101、111・112、352～354、838 グリーン2118・120、269・271・272、2323・327・328、337、921 グレー2151・153・2154、895 栗色126・127 黄143～146、299・302 ブルー163・167、2212 ローズ2221・222 えんじ2240・241 紫281・282・283 茶307・2307・309・311、382 赤2341・343・2343・344～346、800 浅葱375・376 オレンジ403 赤紫481・482 ピンクローズ501 ブルーグリーン842・844～846 藍ねず980 白2500 黒600。
  コスモシーズンズ刺繍糸(解説中はSEと表記) 8029、8055、8063、8070。
  マディララメ糸(Art.No.9842)(解説中はDと表記) gold-8。

- ●アウトライン・Sはステッチ記号のみで、ステッチ名は省略しました。

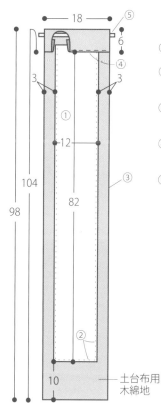

仕立て方
単位：cm(縫い代を付けて裁つ)

①刺しゅう布に刺しゅうし、裏に接着芯を貼る。
②①の両脇と下端を三つ折りにし、表にひびかないようにまつりつける。
③土台布用木綿地2枚を中表に合わせ、両脇と下端を縫い、表に返す。
④③の上端を三つ折りにし、②を挟み込み、一緒に縫って、ポール通しを作る。
⑤ポールを通す。

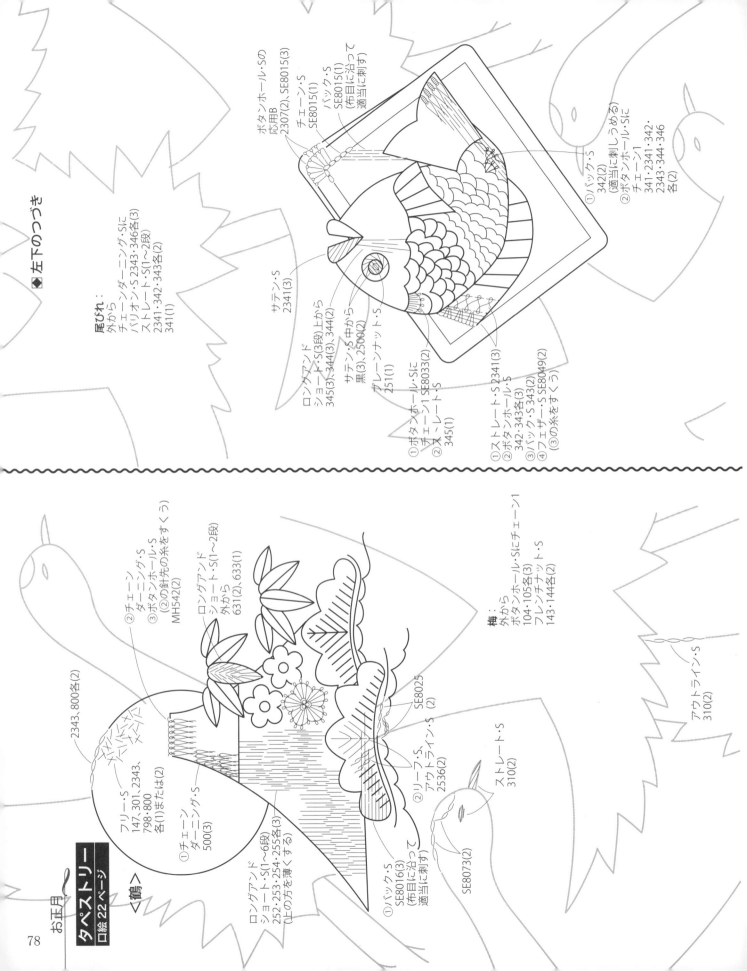

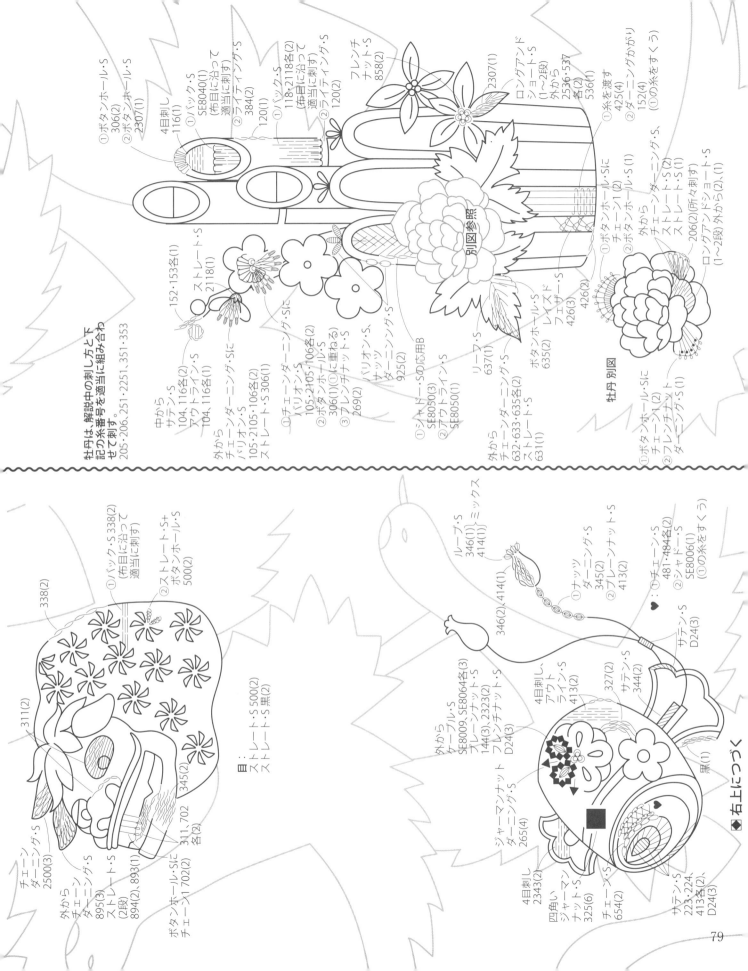

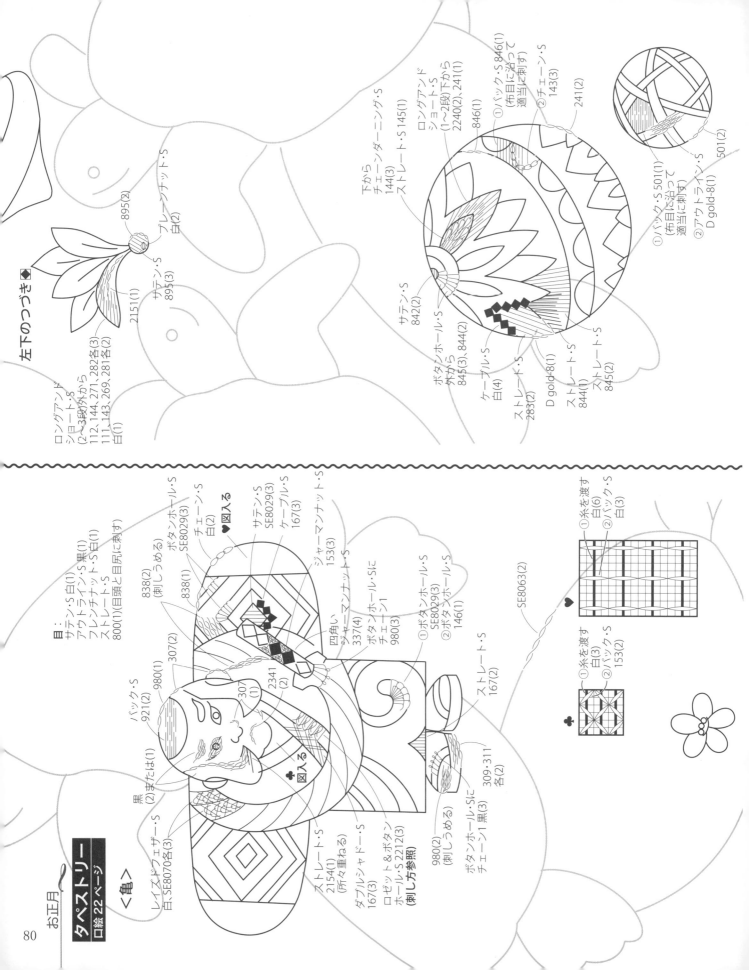

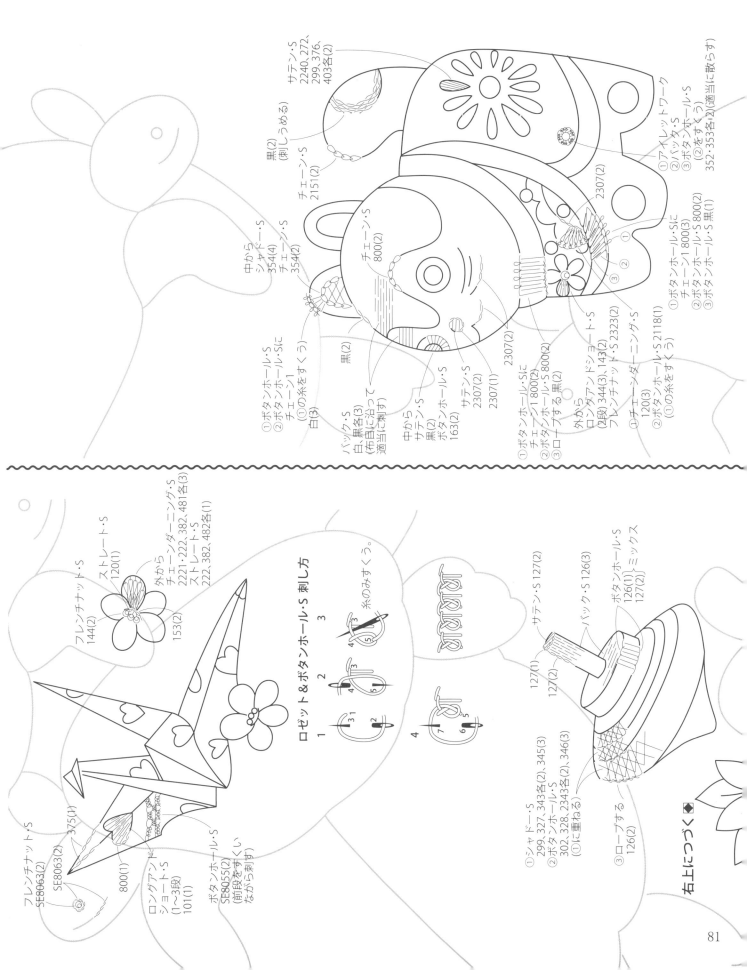

クリスマス

オーナメントI
口絵12ページ　解説は33ページに掲載

<ツリー>
- **材料**　コスモ3800番ジャバクロス細目(10オフホワイト) [10cm平方：45×45目] 20×20cm、裏面用木綿地 同寸、キルト芯 20×15cm、厚紙 10×10cm、ロープ(赤/金) 35cm、0.6cm巾サテンリボン(赤) 25cm。コスモ25番刺繍糸(色番号は図案参照)。

<テディベア>
- **材料**　コスモ3800番ジャバクロス細目(10オフホワイト) [10cm平方：45×45目] 20×20cm、裏面用木綿地 同寸、キルト芯 20×15cm、厚紙 10×10cm、ロープ(赤/金) 35cm、0.6cm巾サテンリボン(赤) 25cm。コスモ25番刺繍糸(色番号は図案参照)。

<サンタクロース>
- **材料**　コスモ3800番ジャバクロス細目(68グリーン)[10cm平方：45×45目] 20×20cm、裏面用木綿地 同寸、キルト芯 20×15cm、厚紙 10×10cm、ロープ(赤/金) 30cm、0.6cm巾サテンリボン(赤) 25cm。コスモ25番刺繍糸(色番号は図案参照)。

<リース>
- **材料**　コスモ3800番ジャバクロス細目(98レッド)[10cm平方：45×45目] 20×20cm、裏面用木綿地 同寸、キルト芯 20×15cm、厚紙 10×10cm、ロープ(赤/金) 30cm、0.6cm巾サテンリボン(赤) 25cm。コスモ25番刺繍糸(色番号は図案参照)。

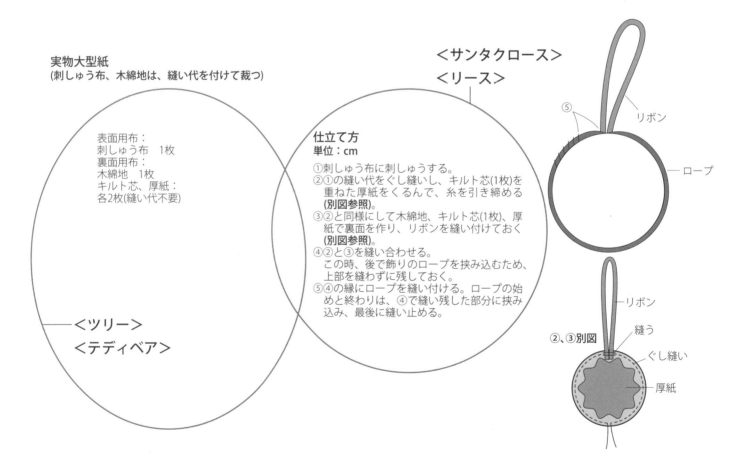

実物大型紙
(刺しゅう布、木綿地は、縫い代を付けて裁つ)

表面用布：
刺しゅう布　1枚
裏面用布：
木綿地　1枚
キルト芯、厚紙：
各2枚(縫い代不要)

<ツリー>
<テディベア>

<サンタクロース>
<リース>

仕立て方
単位：cm

①刺しゅう布に刺しゅうする。
②①の縫い代をぐし縫いし、キルト芯(1枚)を重ねた厚紙をくるんで、糸を引き締める(別図参照)。
③②と同様にして木綿地、キルト芯(1枚)、厚紙で裏面を作り、リボンを縫い付けておく(別図参照)。
④②と③を縫い合わせる。この時、後で飾りのロープを挟み込むため、上部を縫わずに残しておく。
⑤④の縁にロープを縫い付ける。ロープの始めと終わりは、④で縫い残した部分に挟み込み、最後に縫い止める。

⑤　リボン
ロープ

リボン
縫う
ぐし縫い
厚紙

②、③別図

刺しゅうを始める前に

● 布 ●

刺しゅう用としては、綿や麻のものが刺しやすく、取扱いが簡単ですが、目的に応じて布の種類や素材を選ぶことが必要です。クロスステッチなど、布目を数えながら刺す刺しゅうには、縦糸と横糸が同じ太さで等間隔に織られた平織りの、布目のはっきりした布が適しています。布端はほつれやすいので、しつけ糸などでかがっておきます。手芸材料店ではオックスフォード地や麻布といった刺しゅう用に織られた布が手に入ります。市販されている無地のハンカチやナプキン、エプロンといった既製品を使えば、手軽に刺しゅうに取りかかれますので、利用するとよいでしょう。

● 糸 ●

一般的に使われる糸としては、25番刺繍糸と、5番刺繍糸、ラメ糸、混ざり糸などがあります。一番よく使われる25番刺繍糸は、6本の細い糸がゆるくよられて1本になっています。使用するときは、必要な本数に合わせて、細い糸を1本ずつ抜き取って使います。5番刺繍糸やラメ糸は1本のままで必要な長さに応じて切って使いますが、ラメ糸の中にも細い6本がよられている種類のものもあり、その場合はさらに必要な本数に分けて使うこともあります(本書では細いラメ糸の本数で表記しています)。混ざり糸には、糸巻き状、かせ状などメーカーによって様々な種類がありますが、やはり1本ずつ抜き取り、使用本数に合わせて用います。外国製の混ざり糸の中には、洗濯で色落ちする糸もありますので、色止め法や色落ちした際の対処法など、店によく確認の上で購入されることをおすすめします。

● 糸の扱い方 ●

25番刺繍糸は紙帯をはずし、輪に巻いた状態に戻します(①図)。次に輪の中に手を入れ、糸の端と端をつまんで、からまないように輪をほどいていきます(②図)。ほどき終わって半分の長さになった糸を、さらに半分ずつ2回折り、全体を8等分の長さにしたら糸を切ります(③図)。切り終わった糸に糸番号の付いた紙帯を通しておくと、配色や糸を追加する時に便利です。使う時は、面倒でも使用本数に合わせて1本ずつ抜き取り、揃えて用います。その時、糸の中程をつまんで抜くと、からまりにくくてよいでしょう。1本ずつ抜くことによって、糸目が揃い、つやが失われることもなく、出来上がりが美しくなります(④図)。

● 刺しゅう用枠 ●

ふつうは円型の枠を使いますが、大きさはいろいろで、8cm、10cm、12cmのものが使いやすいでしょう。ねじ付のものがほとんどで、内側の枠(小)の上に刺しゅう布をのせ、その上から外側の枠(大)をはめて、ねじで締めます。布はピンと張るよりも、適度のゆるみをもたせた方が刺しやすいでしょう。枠は刺しゅうしようとする部分に左手の指が届くような位置にはめるとよいでしょう。左手の指で補助をしながら刺すと、刺しやすくきれいにできます。

● 針 ●

刺しゅう用の針は穴が細長いところが特徴で、針の長さや太さはいろいろ揃っていますが、ここでは、よく使われる針を選びました。他にも種類がありますから、刺しゅう布の材質や刺しゅう糸の本数に合わせて使い分けて下さい。布目を拾っていく場合は、先の丸いクロス針などを使用すると刺しやすいでしょう。

針と糸との関係

フランス針		クロス針	
6号	1~2本どり	26号	1~2本どり
4号	3~4本どり	24号	2~3本どり
2号	6~8本どり	22号	4~6本どり

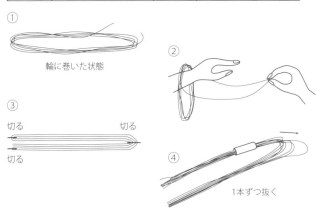

● 糸を針に通す方法 ●

針を片方の手に持ち、もう片方の手で糸の端を持ちます。糸を針の頭にあてたまま、糸を二つに折ります(①図)。親指と人さし指で糸の二つに折れた部分をしっかり挟み、針を抜いて、糸に折り山を作ります(②図)。そのまま親指と人さし指を少し開いて糸の折り山をのぞかせ、針に糸を通します(③図)。

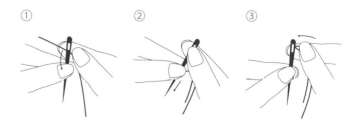

● 図案の写し方 ●

トレーシングペーパーに図案を写し、配置を決めて布に図案をのせます。図案は布目に垂直になるように置きます。布はあらかじめ地直しをして布目を通しておき、布端をしつけ糸で粗くかがっておくなど、布端がほつれてこないように処理しておきます。図案と布の間に刺しゅう用コピーペーパーを挟み、まち針で止めます。図案の上にセロファン紙を置き、上から骨筆などでなぞって図案を写します。写し終わったら、写し忘れがないか確認して、まち針をはずします。

ただし、部分的には図案を布に写さず、直接刺した方が良い場合もあります。小さな花や葉、実などの細かい部分や、輪郭をぼかした方が良い部分などは、茎など目安となる図案だけを写し、解説や写真を参照しながら、適当に刺すほうが良いでしょう。そのまま布に描けるペンシルタイプのものもありますので、作品によって利用してもよいでしょう。

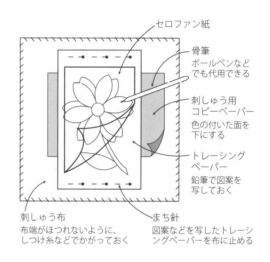

セロファン紙

骨筆
ボールペンなどでも代用できる

刺しゅう用コピーペーパー
色の付いた面を下にする

トレーシングペーパー
鉛筆で図案を写しておく

刺しゅう布
布端がほつれないように、しつけ糸などでかがっておく

まち針
図案などを写したトレーシングペーパーを布に止める

● 洗濯 ●

刺しゅう後の作品は、コピーペーパーのあとや、手あかで汚れています。仕立てる前や加工に出す前に、洗濯をします。特にコピーペーパーは、熱を加えると落ちにくくなる場合がありますので、必ずアイロンをかける前に洗濯します。

ここでは一般的な洗濯方法を紹介します。まず、刺しゅう糸がほつれてこないよう裏側の糸の始末を確認しましょう。洗濯は一度水につけてから中性洗剤を入れ、やさしく押し洗いをし、その後、水で何度もすすぎます。この時、万一余分な染料が出ても、あわてて水から出さずに、色が出るのが止まるまで充分すいで洗い流します。脱水はたたんで軽く脱水機にかけるか、タオルで挟んで水分を取り、薄く糊づけします。乾燥は風通しの良い所で日陰干しをし、アイロンはステッチがつぶれないように毛布などの柔らかい物を台にして、裏から霧を吹きかけながら高温(摂氏180～210度)であてます。

クリーニングに出す時はフッソ系のドライクリーニングが最も安全ですが、いずれにしても以上の注意点を話した上でお出し下さい。

美しく刺すためのアドバイス

- 図案を布に写す時は、図案がゆがんだり、曲がったりしないように、きれいに写しましょう。
- 糸の引き加減はきつすぎず、ゆるすぎず、均一の調子で刺し、ステッチの大きさを揃えましょう。
- 輪郭線の曲がった部分を刺す時は、ステッチの針目を小さめに刺すときれいです。
- 刺しているうちに、針に付けた糸がよじれてくるので、よりを戻しながら刺すとよいでしょう。
- 何度もほどいた糸は、けば立って仕上がりが美しくありません。新しい糸に替えて刺すとよいでしょう。
- 裏側は、糸を長く渡さないようにします。1つ1つ止めるか、または、先に刺したステッチの中を通したり、からめたりして糸を渡すとよいでしょう。

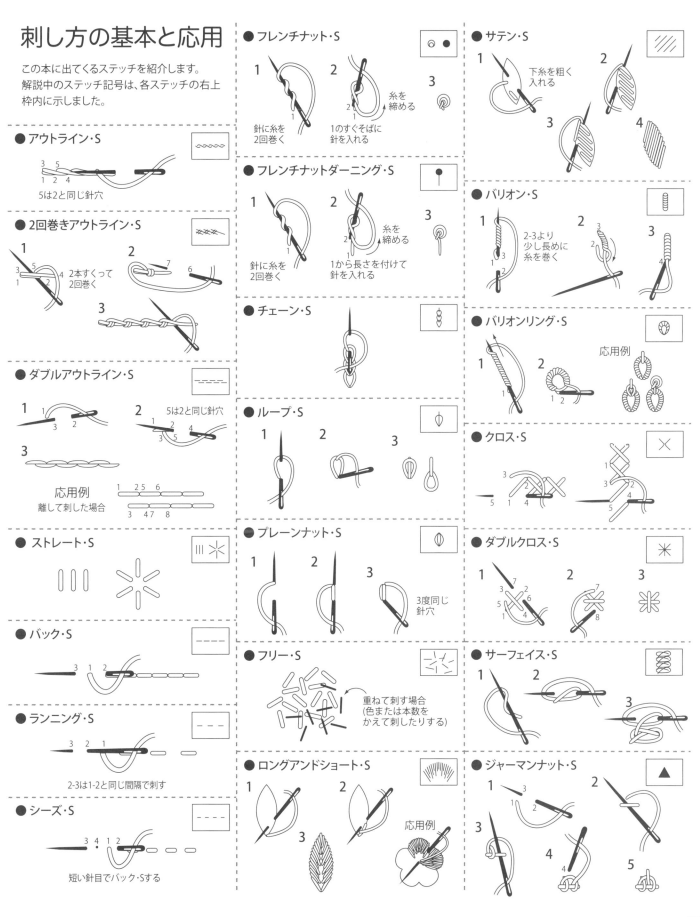

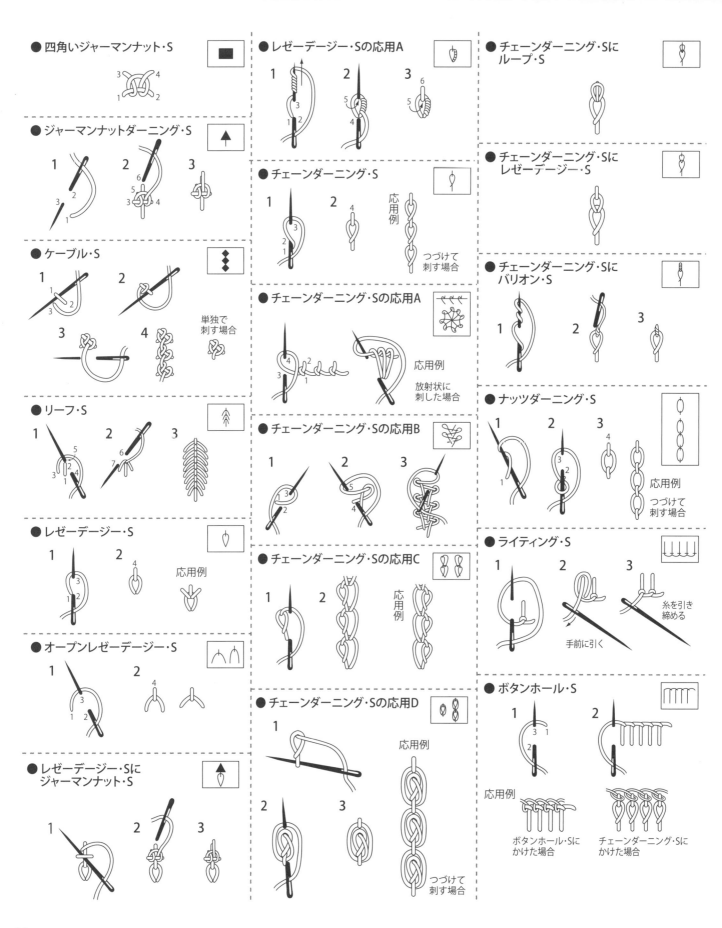

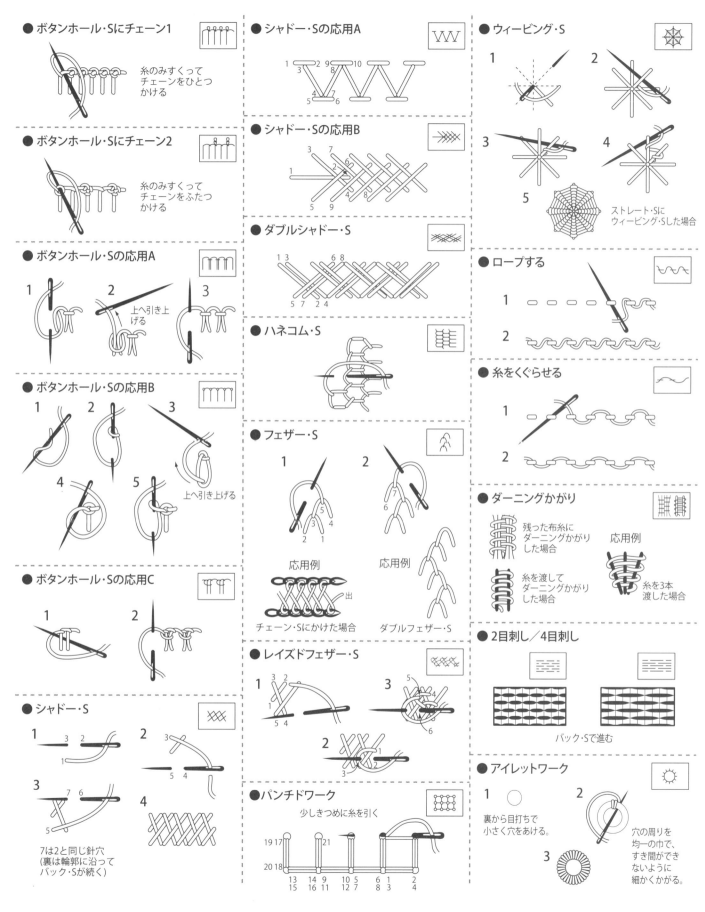

クロスステッチの刺し方

クロスステッチは、交差する上になる糸の向きを常に同じに揃えます。
同じ作品内で、同方向になるように統一して刺します。
本書では、＼が上にくるように説明しています。

[基本の刺し方]

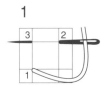

※ 往復して仕上げる方法
　…広い面を刺す時に

[横に進む方法]

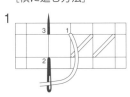

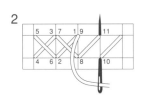

※ 1目ずつ仕上げる方法

[横に進む方法]

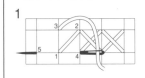

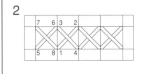

[縦に進む方法]

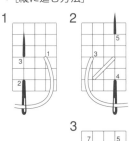

[斜めに進む方法]

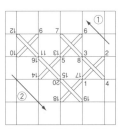

次の列は布を逆に持ち替えて、
同様に左上方向へ斜めに進む

[図案の見方]

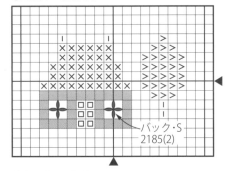

◆糸は全て2本どり

> = 117 　 I = 186 　 □ = 412
▨ = 2185 　 × = 223

* 図案は特別な場合以外は方眼1マスを布一目とし、様々な記号・アミで色等を区別しています。記号・アミと布の目数を照らし合わせながらクロスステッチを刺していきます。また、それ以外のステッチは、図案に直接ステッチ名（「・S」はステッチの略）、色等を矢印で示しています。

* 図案はほぼ中心となるモチーフから刺し始めます。また、図案は2辺の矢印を結んだ点が中心になります。輪郭や区切りの線は内側を刺し終えてから刺します。

* 図案は10マスごとに太線で区切ってあります。記号がわかりにくい場合は、色鉛筆等で色分けすると、見やすく刺しやすいでしょう。また、マス目が小さくて見にくいときは、拡大コピーをして見やすくすると良いでしょう。

* 同じ図案でも、布の材質や布目の大きさによって、作品の出来上がりの大きさが変わります。表記と違う布で刺す場合は、使用する布の布目の大きさと図案のマス目から出来上がりのサイズを割り出します。

解説の見方

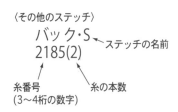

・・・協力者一覧・・・

作品：	石神美智子	片岡淑子	金原郁代	世利邦子	永田繁子	野村美砂恵	平山紀美子
	福井よしこ	松尾富士子	三ヶ島則子	本村須美子	大和徳子	吉田和子	
図案：	高瀬ゆうこ	経 真珠美	橋倉りえ子	よしのぶもとこ			(50音順敬称略)